英國伊頓公學校長

愛德華・利特爾頓

論「教師」

工作培訓、紀律約束、教學活動、時間管理，獻給每位教育工作者

愛德華・利特爾頓——著

胡彧——譯

所有教師都有共同的工作目標和理想，
也都會遇到相同的問題和疑難……

讓本書能使每位教師重新思考，使他們用全新的
視角審視教師職業，進而調整思路，明確自己的追求目標！

這本書不是成功者的經驗，而是普通教師的心聲！

目錄

CONTENTS

導言

PREFACE

　　愛德華・利特爾頓（Edward Lyttelton，西元 1855 ～ 1942 年），英國伊頓公學校長、教育家，也是一位優秀的板球運動員。他在伊頓公學畢業後，進入劍橋大學三一學院深造。西元 1880 ～ 1882 年出任威靈頓公學副校長；西元 1890 ～ 1905 年被任命為黑利伯瑞學院校長；1905 ～ 1916 年出任伊頓公學校長。在伊頓公學任職期間，對學校教育機制做了大量改革，如入校生入校考試中的希臘語科目免試改革，但同時在必學科目中增加了數學、現代語言、科學和歷史等。為伊頓公學走向現代化教育體系做出重大貢獻。

　　伊頓公學，通常簡稱為伊頓，坐落在倫敦 20 英里外的溫莎小鎮，是英國最著名的貴族中學，之所以著名，不僅因為它是皇室貴族子弟以及英國歷史上 19 位首相的母校，而是因為它卓有成效的教學和管理制度。也是一所獨立的寄宿學校。這所寄宿制的男子中學目前有約 1,400 名 13 ～ 18 歲的學生，都是由中學讀到大學預科的男孩。伊頓公學是亨利六世（Henry VI）在西元 1440 年創立的，當時這被稱為是「溫莎的伊頓夫人的國王學院」。

　　伊頓是英國九所獨立的寄宿學校之一。按照西元 1868 年制定的《公共學校法則》，伊頓公學通常被視為一所「公立學校」。依照公立學校的傳統，伊頓公學是一所全寄宿的學校，這意味著所有的學生都必須要住在學

校裡，這也是整個英國僅存的四所專收男生的學校（還有就是溫徹斯特公學、哈羅公學以及拉德利學院）。伊頓公學已經培養了 19 位英國首相以及為歷代的英國貴族提供教育。所以，該校也經常被稱為培養英國政治家的「搖籃」。

背景

伊頓公學培養了很多著名的學生。大衛・卡麥隆（David Cameron）就是伊頓公學培養出來的第十九位英國首相，同時他建議伊頓公學在各個城市的層面去創辦學校，幫助提高教學的標準。現在，伊頓公學已經在英國東部缺乏教育資源的紐漢姆共同創辦了一所學校，成立了倫敦卓越學院，該學院在 2012 年正式招生，這所新建的學校是免收學費的，就是為了能夠讓優秀的學生接受更為高等的教育。2014 年 9 月，伊頓公學作為唯一的教育承辦機構，幫助建立了位於伯克郡的聖港學院（Holyport College）寄宿學校，將接收 500 學生入讀。該校的建築費用高達 1,500 萬英鎊，這將是第五所為貧窮學生開辦的非寄宿學校，還將為 21 名年輕學生提供寄宿服務，接下來還將有 28 名學生能夠透過資助或是獎學金去入校讀書。

大約有 20％的伊頓學生能夠透過獎學金去獲得補

PREFACE

貼。伊頓公學前校長托尼‧利特爾（Tony Little）就說，伊頓公學正在制定一系列計畫，讓所有適齡的學生都可以進入到伊頓學習，不管這些學生的父母是處於怎樣的收入族群。在 2011 年的一次演講裡，托尼‧利特爾說，大約有 225 名學生將可以從學校方面獲得「可觀」的經濟資助。到 2014 年初，這個數字將會升至 263 人，這些學生大約能夠獲得高達 60% 的學費補助，還將有 63 名學生將獲得免收學費的待遇。利特爾表示，他希望在短期內能夠保證 320 名學生每年都可以獲得獎學金，讓 70 名學生能夠獲得免收學費的待遇，從而讓獲得經濟補助的學生數量越來越大。當然，這些全新的舉措將會與伊頓公學長久以來形成的課程是相對應的，大多數學生都是在夏日假期（七月到八月期間）中挑選出來的。「夏日大學」（Universities Summer School）成立於 1982 年，向所有在公立學校讀書的男女提供暑假課程，是在小學六年級的時候才開始進行的。布蘭特 - 伊頓夏日學校則是在 1994 年才開辦的，為倫敦布蘭特這個缺乏教育資源的地方提供免費的一週課程，旨在幫助他們在英國中學的 GCSE 和 A-LEVEL 水準考試（升入英國名牌大學的主要途徑）中得到提高。2008 年，伊頓公學已經與六所地區公立學校共同承辦了伊頓、斯勞（Slough）、溫莎與豪恩斯洛（Hounslow）四個地方達成了獨立的公立學校協定（ISSP）。制定這個協定的目標就是要「提升學生的成

績，增強學生的自尊，激發學生的理想，改善學校的執教理念」。伊頓公學還會在暑假的幾個月裡開辦合唱隊以及英國語言的課程。

在籌辦 2012 年的倫敦夏季奧運以及殘奧會的過程中，伊頓公學專門建造了長達 2,200 公尺，八道的水上跑道，占地面積四英畝。即被人熟稱的伊頓多尼水上跑道，專門為參加奧運或是殘奧會的選手提供訓練的場所。在奧運期間，奧運的輕艇比賽與殘奧會的輕艇比賽吸引了超過 40 萬的觀眾去觀看，大約是每天就有 3 萬多人，被很多人票選為 2012 年奧運最佳的比賽項目。在400 英畝的水上跑道上，整個湖都是免費對大眾開放的。

過去，伊頓公學是專門開放給英國與外國的貴族。一開始，伊頓公學只面向英國皇室，威爾斯親王威廉與他的弟弟哈利王子都是該校的校友，這與海軍學院或是高登斯頓學校或是宮廷輔導等教育方式都是有所區別的。入校的標準是非常嚴格的，在過去的時候甚至還要從一出生就要排隊。在上世紀九十年代中期，伊頓培養的學生在進入牛津與劍橋大學的比例是最高的。

伊頓公學　直以來就被稱為培養「英國政治家的搖籃」，同時也被視為世界上最著名的公立學校。在二十世紀早期，一位研究伊頓公學的歷史學家曾這樣寫道：「世界上沒有任何一所學校能夠像伊頓公學為世界提供了如此之多傑出的優秀人才。」

PREFACE

　　《優秀學校指引》雜誌將伊頓公學稱之為「世界上最好的公立學校」，並且這樣說：「這裡的教學資源與設施都是世界第一的。」除此之外，伊頓公學還是世界最頂尖二十所學校聯盟中的一員。

歷史

　　伊頓公學是英國國王亨利六世創辦，一開始的本意就是為 70 多名準備要上劍橋大學國王學院的學生提供免費教育，國王學院也是亨利六世創辦的。亨利六世將溫徹斯特公學視為他創辦伊頓公學的一個典範，所以經常會去溫徹斯特公學視察，並從學院陸續搬了些雕像以及抽借了很多學者去創辦伊頓公學。

　　學校創建伊始，亨利六世給予了很多方面的捐贈，包括提供了價值連城的土地，建造了很多建築（亨利六世希望這所學校能夠成為整個歐洲橫跨幅度最大的一所學校），還有許多宗教的遺跡，作為真正的十字架與荊棘皇冠（Crown of Thorns）的一部分。亨利六世還說服了當時的教宗安日納四世（Eugunius PP. IV）允許他在英國擁有無與倫比的特權：允許他能夠在聖母升天節接受更多懺悔者。伊頓公學還擁有英國許多關於研究末世方面的手稿。

　　然而，在西元 1461 年，當亨利六世被愛德華四世

（Edward IV）罷黜之後，愛德華四世取消了所有對伊頓公學的資助，將學校內的許多資產都轉移到了位於泰晤士河另一邊的聖喬治教堂。據說，愛德華四世的情婦珍‧修爾（Jane Shore）曾代表伊頓公學去進行干預，最後她拯救了伊頓公學的許多重要資產，雖然皇家的饋贈以及學校人數都大幅度減少了。

在亨利六世遭到罷黜的時候，關於建設教堂的計畫原先已經被否定了兩次，只是當時的建築計畫已經完成而已。伊頓公學的第一任校長威廉‧韋恩弗雷特（William Waynflete）創辦了牛津大學的莫德林學院，之前他也擔任過溫徹斯特公學的校長。正是在他的主導下，才出現了今天這所學院的前身。學院裡面的重要的壁畫以及用磚壘砌的學校院子都是始於西元 1480 年間，走廊上較低的樓房，包括學院大廳，都是在西元 1441 ～ 1460 年間完成的。

因為學校在建造過程中嚴重缺乏資金，所以完成學校的建築以及後續的工程在很大程度上都需要富有的商人去贊助。西元 1517 年的時候，教務長才重新恢復建設工程。他名字也被篆刻在學校院了西邊走廊的門庭之上，這也許是整個學校最為著名的景象。這一系列的建築包括了著名的前廳、選舉廳以及選舉室，這些都是十八世紀左右留下來的建築。

「在教務長之後一直到西元 1670 年間，伊頓公學都

PREFACE

沒有進行任何重要的建築。之後，新的教務長就對低階學校與學院之間進行了分割。」之後，在皇家工匠主管的領導之下，才完成了重修，最後於西元 1694 年才徹底完成。中央學院最重要的建築就是學校圖書館，位於走廊的南端，是在西元 1725 ～ 1729 年建成的。圖書館裡陳列著許多重要的書籍與手稿。

「到了十九世紀，建築師小約翰‧蕭（John Shaw Jr.，西元 1803 ～ 1870 年）成為了伊頓公學的巡視員。他設計了全新的建築（西元 1844 ～ 1846 年間），弗蘭西斯‧霍德森（Frances Hodson）教務長則為學生提供了更好的住宿環境，因為在這之前，大多數的學生都是住在長室裡（Long Chamber）裡，那裡的居住環境實在是太差了，所以必須要進行更換。

為了應對來自伊頓公學在關於經濟支援、建築以及管理方面的抱怨，克萊倫登委員會（the Clarendon Commission）在西元 1861 年成立，作為一個皇家委員會去調查包括伊頓公學在內的九所英國頂尖的學校。伊頓公學校長愛德華‧巴爾斯頓（Edward Ballston）在西元 1862年接受委員會的質詢時，因為他持不應該將時間投放在除古典教學之外的其他課程的觀點而飽受攻擊。

人們經常錯誤的引用威靈頓公爵（Duke of Wellington）的這句話：「滑鐵盧戰役的勝利，關鍵是依賴伊頓公學。」威靈頓公爵在西元 1781 ～ 1784 年間在伊頓公

學就讀，之後也讓他的兒子在這裡接受教育。按照紐維爾（Newell）（引用歷史學家的話）的話，威靈頓公爵是在數十年之後，路過伊頓公學觀看了一場板球比賽，就隨口說出了這樣一句話：「這些小傢伙長大之後，必然能夠贏得像滑鐵盧那樣的戰役。」這樣一句話被紐維爾引述成為「男人的品格是可以透過遊戲與競技去得到提升的」。可見，威靈頓公爵的那句話只是針對一般的英國年輕人，而不是單純指代從伊頓公學畢業的學生。西元 1889 年，威廉‧弗雷澤（William Fraser）爵士將這段話與一段源於查爾斯（Charles）伯爵的話融合在一起，就變成了這樣一句話：「滑鐵盧戰役就是在這裡獲得勝利的！」

寬敞華麗的學校走廊與圖書館都是在 1906 ～ 1908 年間建造起來的，位於通向高年級建築的路邊，作為紀念那些在布爾戰爭中英勇犧牲的伊頓學生。走廊上刻著很多人的名字，就是為了紀念在那一場偉大戰爭中犧牲的學生。一個公墓在二戰期間遭到了部分的損毀，學院的很多窗戶都被炸飛了。重新修復的工作在 1949 ～ 1952 年間完成。

從十九世紀末到二十世紀初年間，伊頓公學的校長分別是亞瑟‧克里斯多福‧本森（Arthur Christopher Benson）、愛德華‧利特爾頓、塞里爾‧阿靈頓（Cyril Alington）、安東尼‧切尼維奇‧特倫奇（Anthony Chene-

PREFACE

vix-Trench），而 M.R. 詹姆斯（Montague Rhodes James）則是最為著名的一位教務長。

1959 年，伊頓公學將之前的核武器地下庫變成學院教務長以及教職員工的住宿地方。現在，這些設施被用來儲存東西。

2005 年，伊頓公學成為英國第五十所違背了競爭法案的學校。

2011 年，在索馬利亞被擊斃的一位基地組織的高層人士身上，發現了對伊頓公學進行襲擊的計畫。

過去，伊頓公學為曾經所持的反猶太人的行為和觀念而感蒙羞。之後，猶太學生也允許在這所學校裡就讀。1945 年，學校引用了一項規定，即只有父親是英國出生的人，他的兒子才有可能進入伊頓公學就讀。因為在這之前，牛津維克漢（Wykeham）學院的邏輯學教授本人就是一位猶太人，並且是從伊頓公學畢業出來的，但他的兒子卻允許進入伊頓公學就讀，從而引起了風波。之後，這項規定在上世紀六十年代在英國首相哈羅德·麥米倫（Harold Macmillan）的干預下廢除了。

學校學期

伊頓公學一年有三個學期。

米迦勒學期（The Michaelmas Half），從九月分到十二月中期。現在，新入學的學生一開始都是從米迦勒學期開始的，特殊的情形除外。

四旬齋學期（The Lent Half），從一月中期到三月底。

夏季學期（The Summer Half），從四月底到六月底或是七月初。

這些學期之所以被稱為半學年，是因為將一年分為兩個部分，在這些學期的間隙，學生們是允許回家的。

學生的住宿

國王學院宿舍

國王學院宿舍（King's Scholars）專門是為 70 名國王學院的學生提供住宿的，這些學生都獲得了國王基金會提供的獎學金或是每年在考試中因為成績優異而獲得了獎勵。這些學生有時要支付高達 90% 的學費。對其他學生而言，超過 1/3 的學生都要接受某種形式的獎學金補助。「國王學院」這個名字的由來就是因為這所學校是由亨利六世在西元 1440 年建立起來的，因此，就延續了這樣的皇家名字。因為這所學校原本只招收 70 名學生，並且有一半的學生都是之前在溫徹斯特公學裡接受過教

育的，而所有這些學生接受教育的費用都是由國王承包的。

可以在國王學院宿舍裡居住的學生都會在他們的名字後面加上「KS」這兩個字母，他們要穿著類似紳士的黑色燕尾服、白色襯衫、圓領扣、黑色的馬甲、長褲和皮鞋。

校外寄宿生

隨著伊頓公學的不斷發展，越來越多的學生都選擇自費居住在學校周邊的地方，也就是說住在學校原先建築之外的地方。這些學生就被稱為校外寄宿生。為了因應學校發展的需求，學校也為那些住在校外的學生提供了許多幫助。在十八世紀到十九世紀左右，這些校外的住宿都是有「阿姨」負責的。一般來說，一位阿姨要負責管理五十名學生。雖然所有的課程都是按照學校的規定去設定的，但大多數男生的很多時間都是需要花費在他們所住的地方。每一個住宿的地方都有一個正式的名字，用來表示住在伊頓公學之外的學生。一般來說，這些住宿管理者的名字第一個大寫字母或是姓氏的字母，都是可以表示他們是住在校內還是校外的。

不是所有通過了學校考試的學生都會選擇成為國王學院的「學者」，如果他們選擇到二十四間校外的建築裡寄宿，那麼他們就被稱為是「校外學者」。校外寄宿

的學生可能會因為在校內或是校外的出色表現而獲得持續的獎學金。為了獲得校外寄宿獎學金，要連續獲得三年以上的優良成績。在伊頓公學裡，寄宿在學校之外的「學者」是可以在名字後面加上「OS」這兩個字母。

　　提供給在校外住宿的建築被稱為葛德芬建築（始建於西元 1720 年），還有霍德雷建築以及德恩福德建築都是在西元 1845 年建成的，一開始是為教務長以及教職員工提供住宿的。當學校的學生數量不斷成長，並且需要更為集中化的管理時，就出現了霍普嘉頓住宿區、南草地住宿區、威恩福萊特住宿區、埃文斯住宿區、濟慈住宿區、沃爾住宿區、維利爾什宿區、尋常大道住宿區、佩恩住宿區、沃爾浦爾住宿區、科頓‧霍爾住宿區、沃頓住宿區、霍蘭德住宿區、慕斯迪安住宿區、安傑洛住宿區、莊園住宿區、法勒爾住宿區、巴爾德文住宿區、丁布拉爾住宿區以及維斯恩波利住宿區。

住宿管理結構

　　除了舍監之外，每一個宿舍大樓都有一名舍長以及負責管理學生運動方面的老師。一些宿舍大樓還不只有一位這樣的老師。宿舍大樓的教務長之前是從最高年紀的學生中挑選出來的，但這樣的傳統已經一去不復返了。

　　每天晚上八點零五分到八點三十分左右，每一個宿

舍大樓的學生都要聚集起來，在「祈禱」時間裡進行活動。舍監與學生們都有機會進行發言。有時，學生們還可以進行一些娛樂活動，比如很多的宿舍樓之間的競爭就通常以競技體育的方式表現出來。

在伊頓漫長的歷史裡，低年級的學生通常要為高年級的學生去服務。他們的職責包括清理環境，煮飯以及做跑腿的工作。高年級的學生可以突然間大聲的說：「小子，出來！」或是「小子，排好隊！」新來的學生都必須要服從這樣的規則。這種「高年級要求低年級學生去做事」的傳統在上世紀七十年代的時候逐漸消失。舍監與負責管理學生遊戲的老師有時都會分派一些任務給低年級的學生，比方到信件收發室裡整理一些郵件。

學校制服

伊頓公學以其悠久的歷史而聞名，這方面的傳統也自然體驗在穿著上。伊頓的校服類似紳士的黑色燕尾服、白色襯衫、圓領扣、黑色的馬甲、長褲和皮鞋。這套行頭就要 700 英鎊，加上配套的成打襯衫、領帶等，裝扮一個伊頓人，至少要好幾千英鎊。在黑色燕尾服中，有一些帶披風的，那是國王獎學金獲得者的標誌。（伊頓校服最早是喬治三世〔George III〕去世時人們為悼念他而穿），有些穿不同顏色馬甲的，是伊頓 5 年級的

「明日之星」，他們是從所有獲獎者中選出的佼佼者。如果配有銀色扣子，則代表最高級別的優秀學生，他們有權參與學校政務。透過這些日常服飾上的變化，突出競爭中優勝者的地位，使他們理所當然的鶴立雞群，讓學生充分體會優勝者的優越感、榮譽感。校長、教務長、舍監和各學科負責人，也有不同的黑色學袍，稍微正式的場合，學袍一穿，猶如宮廷朝服，也是等級分明。不過，學生的生活也在逐漸改變。學生頭上那頂傳統黑色高帽已可不戴了；學生在課餘時間，也可以穿著好像牛仔褲等便服遊逛了。

教學方面

學生與老師的比例是八比一。就一般的教學標準來說，這是比較低的比例。每個班級的人數從低年級的二十到二十五人到高年級的最後十人左右。

創辦伊始，伊頓公學的主要課程集中在祈禱、拉丁文以及頌歌之上，在西元 1530 年之前，都根本沒有希臘語的教學。

之後，教學的重點也不在古典文學之上，而是集中在拉丁文與古代歷史。而對那些擁有足夠能力的學生，還有一門課程就是古典的希臘語。在十九世紀後半葉，這樣的課程終於獲得了改變，並且拓展了許多課程。比

PREFACE

方說，現在有超過一百名學生在學習中文，這在之前根本是不在課程表之內的。在上世紀七十年代，整個學校都只有一臺電腦，就擺放在科研樓那裡。當時的電腦還需要用磁帶去儲存課程的內容。今天，所有的學生都必須要有一臺筆記型電腦，而學校的光纖網路也連接著所有的教室以及學生的宿舍。

舍監的首要任務就是保證學生們能夠正常的學習，當然也還會有一名教學的輔導老師去分擔任務。這些老師的職責都是需要按照學校設置的課程標準而發生變化的。全新的教學大樓都是專門用於學生的學習，這一切都是從西元 1861 ～ 1863 年間創辦以來實施的。雖然引入了一些全新的技術，但很多教室的外在裝飾與布置在很長一段時間之內都沒有發生改變。

開學第一天，全校師生都領到了一本叫 *Fixtures* 的小綠本，便於攜帶。上面印著每個教師、學生的名字，管理者的電話及其管轄範圍，學校各部門的電話號碼，詳細標明每個學生的宿舍，更把整個學期每一天（具體到幾點幾分）的活動日程都列在上面。如此細膩的安排，可以讓學生有選擇性的計劃某一天要參加某項活動，預先訂好自己一學期的學習計畫。大家都按照這本「聖經」行事，絕對不會弄錯日期和時間。

每個晚上，大約都有會七十五分鐘作為安靜時刻。在這段時間，學生們可以進行學習，或是為老師要講的

課程進行預習。還有一些宿舍大樓在舍監的要求下，可能還會在祈禱時間之後還會有第二次的安靜時刻。當然，安靜時刻是沒有那麼正式的，學生們如果沒有什麼重要的事情要做，是可以去其他宿舍串門子的。

獨立學校觀察機構在發表的最新報告裡這樣寫道：「伊頓公學為每一位學生提供極為優越的教學服務。學生們正是在老師們優秀的教育，極佳的教學設施等幫助下，獲得了優秀的成績。」

社團

在伊頓公學，有數十個社團，很多學生都可以按照自己的興趣去參加這樣的社團，就某個話題去進行討論。一般來說，都會有一位老師作為主持，也會有一些客座的發言者。一些社團只是單純集中在音樂、宗教、語言等方面。

每天下午放學以後，是學生們進行社團活動排練的時間。比較受歡迎的是戲劇、音樂、軍事和政治，介紹東方文化的東方協會也很受學日語和中文的學生的歡迎。到了晚上 8 點，就是各式各樣的社團活動表演或展示的時候了。在進行這樣的活動之前，都會提前幾天甚至兩個星期透過電子郵件通知學校全體師生；戲劇或者音樂會或軍事表演，需要憑票進場。這些男孩的舞臺劇

表演水準非常精湛，可以與專業演員相媲美。他們的夜間軍事表演（Tattoo）很隆重，還從軍隊裡借來了戰車和直升機，十分轟動。各種社團還經常邀請一些名人來演講。

激勵與懲罰制度

伊頓公學建立了一套比較完善的獎勵系統，激勵學生們去不斷追求卓越。若是學生獲得了優秀的成績，那麼他的指導老師也能獲得獎勵，以顯示這位學生獲得了進步。若是某位學生在某個領域中獲得了不凡的成績，那麼他就會獲得校長所頒發的「努力進步獎」。

如果學生能夠獲得優異的成績，那麼他的成績單可能就會被「永久的封存起來」，用來激勵後來的學生。這一獎勵在十八世紀的時候才開始的。因為封存成績單這樣的事情是非常少見的，而且怎樣的表現才能夠獲得這樣的待遇，對很多伊頓的學生來說也是相當的神祕。首先，校長要求這首先必須要得到各個部門的主管的同意。在獲得了他們的同意之後，那麼這樣的成績才會永久的封存起來，並且由校長、老師以及導師簽名。

與此相反的就是「低劣的表現」，這是針對那些成績低於標準之下的學生的，有時這也包括撕掉一張紙上的一角，但這樣做必須要經過校長的簽名。那些得到如此

「待遇」的學生就會獲得一張「白色的門票」，然後所有的老師就會在這張白紙上簽名，或是伴隨著其他方面的懲罰。懲罰通常包括做一些零工或是寫東西。而到了近代，一張更為柔和的「撕掉」方式則是在「訊息上簽名」包括學生的老師與指導老師都是需要在上面簽名的。

　　內部的考試一般是在米迦勒學期的末端開始的，而在夏季學期則是要求所有新生以及二年級的學生去參加的，這些內部的考試就被稱為「考驗」。

　　要是學生在上課或是參加其他事務的時候遲到了，那麼他就需要在「缺勤表」上簽名。學校一般規定是在早上七點三十五分到七點四十五分左右必須要上課。當然，那些遲交作業的學生也是需要在缺勤表上簽名。要是學生犯了比較嚴重的錯誤，那麼他就會被叫到校長那裡談話，如果學生還是在低年級上學，也會被叫到負責低年級的老師那裡訓話。這就是所謂的「訓話過程」。學生要是犯了很嚴重的錯誤，可能會遭到驅逐出校的懲罰，或是暫停上課的懲罰。一般來說，要是老師在上課的時候遲到十五分鐘，那麼從傳統上來說，學生就可以說老師缺課了。

　　傳統的懲罰方式包括讓學生手抄拉丁文的六步格詩。犯錯的學生一般需要抄寫一百遍六步格詩。要是學生犯的錯比較嚴重，校長可能就要他們抄寫五百遍，當然這樣的情況是非常少見的。

體罰

伊頓公學曾經以體罰而聞名，體罰一般是以「抽打」為主。在十六世紀的時候，星期五是不教學的，專門用來懲罰學生的，所以這一天也被稱為「鞭打日」。

在上世紀八十年代，「抽打」的體罰方式逐漸消失了。一位電影導演據說是伊頓公學最後一位遭受到「抽打」懲罰的學生。在 1964 年之前，犯了錯的學生通常會被送到校長或是負責低年級管理的老師處理，學生裸露著背部接受抽打，並且在圖書館的一個半開放地方舉行。他們會用特殊的樺木去進行懲罰。在西元 1809～1834 年期間，因為當時學校的紀律很差，所以當時的體罰用得非常頻繁。

安東尼‧切尼維奇‧特倫奇在 1964～1970 年間擔任伊頓公學校長，廢除了用樺木去抽打學生的規定，轉而使用藤條。在懲罰的時候，也是要求學生裸露著背部去進行，但卻只在他的辦公室裡進行。安東尼‧切尼維奇‧特倫奇同時還廢除了由那些高年級學生去執行體罰的規定。比較罕見但更為嚴厲的情況就是，由那些「明日之星」去執行這樣的懲罰行為。犯事者被要求穿著一條老舊的褲子，因為抽打的懲罰可能會將褲子都打成碎片。這也是伊頓公學裡最為嚴厲的體罰了。

安東尼‧切尼維奇‧特倫奇之後的繼任者要求由老

師去進行體罰，但不允許要求學生脫下衣服。在上世紀七十年代中期，只有校長或是低年級的老師才能夠對學生進行這樣的體罰。

教務長

除了老師之外，由高年級學生組成的這三種組織也是有權執行學校的紀律。屬於這三種組織的學生都是有權利繫著蝴蝶領結的。

伊頓社團，一般被稱為明日之星。經過許多年的發展，其權力與特權都得到不斷的擴大。明日之星這個組織可以說是伊頓公學歷史最為悠久的自組社團。該社團的規定在 1987 年時有所更改，之後在 2005 年的時候再次更改。新加入這個社團的學生並不是完全由老師組成的委員會所評選。明日之星的成員有權穿著比較寬鬆的褲子，也可以隨意的穿著自己喜歡的背心。從歷史的角度來說，只有明日之星的成員才能夠將雨傘收攏起來，或是坐在主建築前面的「長路」（Long Walk）的牆壁上。但是，這樣的傳統早已經消失了。現在，這些成員都會在學校很多日常的事務中扮演一定的角色，包括學校的戲劇、父母的晚宴以及其他官方的活動。之前比較著名的明日之星成員包括威爾斯親王威廉（HRH William, Prince of Wales），艾迪‧瑞德曼（Eddie Redmayne）以及

PREFACE

鮑里斯・強森（Boris Johnson）。

第六種形式選擇（Six Form Select）：這是一個從學術角度而組成的社團。按照傳統，一般是由十名高年級的「國王學者」以及十名高年級的外宿學生組成的。第六種形式選擇的成員有權利在他們的背心上打上銀色的鈕扣。他們同時還需要充當級長的角色，可以進入到教室裡詢問：「某某是指導老師嗎？」或是「他現在要去見校長。」第六種形式選擇的成員始終都保持著穿著的傳統，並且要求發表演說。每年這樣的活動都要舉辦五次。

舍長：每名舍長負責管理二十五名學生，並且擁有紀律權。這些舍長有權穿著灰色的背心。

學生可以同時成為明日之星社團以及第六種形式選擇的成員。

在伊莉莎白一世的時候，伊頓公學還有級長這個職位，級長的任務就是要記錄下每一位缺課的學生。直到十九世紀晚期，學校的每一個系才有了級長。

體育

體育運動是伊頓公學的一項非常鮮明的特點。伊頓公學有非常多的運動場，這包括阿格爾運動場、荷蘭人

運動場、高年級俱樂部、低年級俱樂部、美索坡塔尼亞運動場（位於兩條小溪之間。）

在米迦勒學期，體育課程基本是由足球以及橄欖球組成，當然少數的學生也會參加輕艇運動。

在四旬齋學期，主要的體育運動集中在運動場上，也就是足球運動。伊頓公學的一大特點就是，不允許學生與外校的學生進行競爭。在這個學期裡，一些學生還非常喜歡玩英式足球。哈利王子（Prince Henry, Duke of Sussex）就非常喜歡這項運動，所以也獲得了英國人的關注。在校長的幫助下，曲棍球場館也是很多學生喜歡去的地方。

在夏季學期，主要有兩種運動，一是到泰晤士河上划艇，二是去玩曲棍球、網球等。

多尼湖位於白金漢郡，是由伊頓公學所有，曾經在2012 年承辦過夏季奧運的輕艇比賽以及世界青年划艇錦標賽。

與哈羅公學在公爵板球館舉辦的年度板球比賽是歷史非常悠久的比賽，從西元 1805 年就開始了。自從十九世紀開始，很多倫敦的社團都會參加這項比賽。到了1914 年，這項為期兩天的比賽吸引了多達三萬八千人來欣賞。1910 年的比賽更是登上了當時的全國頭條。但在那之後，英國人對此的關注度急劇下降，現在這項比賽

只是為期一天而已。

　　泰晤士山谷競技中心有一條跑道，每年都會舉辦越野障礙賽馬比賽。

　　西元 1815 年，伊頓公學開始制定相關的足球規則，這是世界歷史上第一次有關於足球比賽的成文規則。

音樂與戲劇

音樂

　　伊頓公學擁有八個樂隊以及整棟用於音樂訓練的建築（表演的地方包括學校大廳，法雷爾劇院以及兩個大廳：帕里大廳以及音樂大廳）。學生們在伊頓公學裡可以進行多種樂器的學習，其中包括讓人們覺得比較陌生的迪吉里杜管這種樂器。伊頓公學經常派學生參加國家性的音樂比賽，很多學生都是國家青年交響樂團的成員，而學校也會為那些具有音樂天賦的學生提供獎學金。伊頓公學前任的音樂總監拉爾夫·奧伍德（Ralph Allwood）就曾創辦了伊頓合唱團，每年夏天的時候都會在學校進行演出。

　　在 2009 年，伊頓公學的音樂實力得到進一步的宣揚，因為一部名為《叫艾力克斯的男孩》的紀錄片開

播了，這部紀錄片主要講述艾力克斯·斯托布斯（Alex Stobbs）這位前伊頓學生的音樂故事，重述了他曾克服重重困難去指揮約翰·塞巴斯蒂安·巴哈（Johann Sebastian Bach）的作品過程中的故事。

戲劇

伊頓公學每年都要上演許多齣戲劇，這裡有一個叫法雷爾的大型劇院，可以容納四百人同時觀看，還有兩個攝影劇院，分別稱為凱西亞劇院以及空曠空間劇院，分別可以容納九十人與八十人。每年都會有八到九齣的戲劇作品，大約有三到四齣「獨立」的戲劇（並不單純是局限於學生的作品，還有很多是之前畢業於伊頓公學的人去參加導演或是資助的），還有三個學校舉辦的戲劇，其中一齣戲劇是專門為剛進校兩年內的學生準備的，另外兩齣戲劇則是面向所有學生的。伊頓公學所排演的戲劇都獲得了很好的聲響，所以幾乎每個晚上的門票都會被預訂一空。排演的地方也是經常會發生變化的，從體育場到諸如高中部或是學院部所在的歷史性建築。

最近幾年，伊頓公學推出了《酒神巴克斯的女伴》（2009 年 10 月出品）、《前往座談會路上發生的有趣事情》（2010 年 5 月出品）、《櫻桃果樹》（2011 年 2 月出品）、《約瑟夫·K》（2011 年 10 月出品）以及《撒拉諾·德·柏格

PREFACE

拉克》（2013 年出品）。2012 年 10 月分就已經出品了戲劇《馬克白》。通常而言，來自聖喬治學院、阿斯科特學院、聖瑪麗學院、溫莎女校以及西斯菲爾德聖瑪麗學校的女生都會在這些戲劇中扮演女性的角色。伊頓公學的男生還需要負責燈光、聲音以及舞臺布置等工作，當然這是在全職的專業劇院員工的幫助下完成的。

　　每年，伊頓都會聘請一位「客座導演」以及為期一年的專業導演，從而指導學生們如何進行戲劇的排練，教會他們一些關於戲劇以及劇院研究等知識。

　　伊頓公學還在愛丁堡的點火設計節日裡出展了幾齣戲劇，這包括《雙鋒戲劇》、《蘋果》、《喚醒的春天》、《幾乎與青蛙沒有任何關係》以及《大火燒過紐澤西》等話劇。這些作品幾乎都是由依然在伊頓就讀的學生以及從伊頓畢業出來的人所創作的，而後兩部話劇則是由畢業於伊頓的學生所導演的。

　　伊頓公學為那些從事「英文戲劇研究」的學生提供 GCSE 和 A-LEVEL 水準考試（升入英國知名大學的主要途徑）。

節日慶祝

　　伊頓公學最出名的節日就是所謂的「六月四日」，旨在慶祝國王喬治三世的誕辰，因為他是伊頓公學最偉大

的資助者。在這一天，舉辦的活動包括船隻遊行，遊戲的輕艇隊員划著木製的小艇從河邊穿過。與女王的官方生日相似的是，「六月四日」的節日再也不是在六月四日舉辦了，而是在六月第一個星期的週三舉行。伊頓公學同時還慶祝聖安德魯日，在這一天伊頓公學的足球隊就會展開比賽，以示慶祝。

學校雜誌

《少年報》（*Junior Chronicle*）與《編年史》（*Chronicle*）都是伊頓公學公辦的學校雜誌，其中《編年史》雜誌更是創辦於西元 1863 年。這兩份雜誌都是由伊頓公學的學生所編輯的。雖然要經過審查，但《編年史》卻有著諷刺與攻擊學校政策的傳統，當然雜誌也還記錄著伊頓公學近期發生的事情。

《校外寄宿生》這本雜誌始創於西元 1828 年，每個學期都會出刊一次，其中的內容包括伊頓公學的體育運動以及發生的一些專業事件。但是，這本雜誌已經不復存在了。

其他的學校雜誌，包括《光譜》（*Spectrum*）、《藝術評論》（*Art Review*）以及《伊頓的時代精神》（*The Eton Zeitgeist*）都已經出版了，當然諸如各個院系所獨立出版的諸如《洞穴》（*Cave*）屬於哲學系的，《伊頓經濟學》

PREFACE

這份雜誌則是屬於經濟系的,《科學的伊頓人》則是屬於科學系的。最近剛剛出版的一份雜誌《詞典》則是屬於當代語言學系的。

慈善現狀與費用

在 2010 年 12 月 18 日前,伊頓公學按照英國法律(1993 年頒布的《慈善法案》)是可以免除慈善捐贈方面的稅款。在 2006 年新修訂的《慈善法案》裡,伊頓公學成為了一個例外的慈善組織,所以必須要在慈善委員會那裡備案。現在,伊頓公學已經成為了英國一百大慈善機構中的一員。作為一個慈善組織,伊頓公學能夠享有數目龐大的稅收減免。已故的前任哈雷伯里校長就曾說,單是在 1992 年,稅收減免就能夠讓每一位學生少交 1,945 英鎊的學費,雖然他本人與伊頓公學沒有任何直接的關係。這樣的補貼被工黨政府在 2001 年發布的政府資助獎學金的專案啟動之後遭到廢除。但是,任何按照這一計畫進入到伊頓公學就讀的學生都意味著他們所獲得的政府補助要比之前少許多。伊頓公學校長就曾說,伊頓公學提供給當地社區的免費幫助(包括免費使用他們的設施)都要比作為慈善組織所收到的稅收減免具有更高的實際作用。在 2010 ～ 2011 年間,每位學生的學年費用大約為 29,862 英鎊(大約為 48,600 美元或是

35,100 歐元），雖然在獎學金的補貼之下，這筆費用會下降不少。

伊頓畢業生

在伊頓公學上過學的人都會被稱為「老伊頓生」。

到目前為止，伊頓公學培養了十九位英國首相，包括勞勃‧沃波爾（Robert Walpole）爵士、小威廉‧皮特（William Pitt the Younger）公爵、威靈頓公爵（Duke of Wellington）、威廉‧格萊斯頓（William Ewart Gladstone），亞瑟‧貝爾福（Arthur James Balfour），哈羅德‧麥米倫（Harold Macmillan）以及大衛‧卡麥隆（David Cameron）等。

泰國前總理艾比希（Mark Aphisit Wetchachiwa，2008 ～ 2011 年擔任泰國總理）也曾是伊頓的學生。

倫敦的前市長鮑里斯‧強森（Boris Johnson，2008 ～ 2016 年擔任市長）也畢業於伊頓公學，還有現任的坎特伯雷大主教賈斯汀‧韋爾比（Justin Portal Welby）也是從伊頓公學畢業的。

赫胥黎（Huxley）、雪萊（Shelley）、羅伯特‧布里奇斯（Robert Seymour Bridges）、喬治‧歐威爾（George Orwell）、安東尼‧鮑威爾（Anthony Powell）與伊恩‧佛萊

明（Ian Fleming）等人都是從伊頓公學畢業的。中世紀研究學家與恐怖故事作家詹姆斯（Montague Rhodes James）從 1918 年起擔任伊頓公學的教務長，直到 1936 年去世。

其他著名的伊頓學生包括科學家羅伯特‧波以耳（Robert Boyle）、經濟學家約翰‧梅納德‧凱因斯（John Maynard Keynes, 1st Baron Keynes）、約翰‧格登（John Gurdon）、經濟學家拉亞德（Richard Layard）、探險家雷諾夫‧范恩斯（Ranulph Fiennes）、探險家貝爾‧吉羅斯（Edward Michael Grylls）、作曲家托馬斯‧阿恩（Thomas Augustine Arne）、彼得‧沃洛克（Peter Warlock）與休伯特‧帕里（Sir Charles Hubert Hastings Parry，他創作了《耶路撒冷》讚歌與《我很高興》的加冕禮主題曲）。

在傳媒界比較有影響力的伊頓畢業生包括英國廣播公司的科學版編輯大衛‧舒克曼（David Shukman）、英國廣播公司世界新聞與《時下的清算》（*Rough Justice Current*）節目主持人大衛‧傑塞爾（David Jessel）、《每日電訊報》的前編輯查爾斯‧摩爾（Charles Moore）。

在電影界與電視界的著名演員包括艾迪‧瑞德曼（Eddie Redmayne）、達米安‧路易斯（Damian Watcyn Lewis）、多明尼克‧魏斯特（Dominic West）、傑瑞米‧克萊德（Jeremy Clyde），演員與喜劇演員邁克爾‧本汀（Michael Bentine）、塞巴斯蒂安‧阿梅斯托（Sebastian Armesto）、朱利安‧歐文登（Julian Ovenden）、傑瑞

米‧布雷特（Jeremy Brett）、湯姆‧希德斯頓（Tom Hiddleston）、約翰‧斯坦丁（John Standing）、哈利‧海登-帕頓（Harry Hadden-Paton）等人。

伊頓公學是由亨利六世創辦的，坐落在溫莎城堡旁邊。威爾斯親王威廉與哈利王子都是從伊頓公學畢業出來的。

現在，越來越多的伊頓學生來自國外，這其中包括很多非洲與亞洲的皇室成員，其中一些已經將他們的兒子送來伊頓讀書的傳統延續了好幾代人了。其中暹羅國王拉瑪七世（Rama VII）就曾捐贈了一個花園給伊頓公學。演員多明尼克‧魏斯特則認為在伊頓公學讀書並沒有為自己的事業帶來多大的幫助，他說：「這就像是一個汙點，感覺你就像是一個臭名昭著的『戀童癖者』。」但再被問及是否會將自己的孩子送到伊頓公學讀書的時候，他說：「會的，我會的，那裡是一個非常不錯的地方，那裡的教育設施與教學資源都是一流的。」而演員湯姆‧希德斯頓也說很多人對伊頓公學存在著很嚴重的誤解，他說：「很多人都認為伊頓公學裡有很多說話粗聲粗氣的花花公子，但事實並非如此⋯⋯那裡是我見到過的最讓人眼界開闊的地方。伊頓公學之所以是一間優秀的學校，就是因為它鼓勵學生去做他們喜歡做的事情，並且努力追求自己的目標。伊頓公學主張學生要發揮個人的特長，挖掘自身的天賦！」

作者的話

PREFACE

　　首次在美國出版此書後，得到了大洋彼岸讀者們的喜愛，實為一件幸事。一直有人邀我再度付印該書。本人無不感激美國朋友對先前幾本拙著的厚愛，因此希望他們能惠澤其餘，也能認可這本書裡直抒胸臆的內容。在這裡我想說幾句寫作本書的背景以及涉及到的環境。

　　少年時我在伊頓公學就讀了七年時間，接著在劍橋大學的三一學院學習三年。兩所學校實為姐妹淵源，後者在當時無一不透出伊頓的特質和傳統。可以這樣說，伊頓的氛圍一直包圍著我的生活，也塑造了我的人生。後來回到伊頓當了一名校長，在那裡工作十餘年。那裡的生活非常充實豐富，卻沒有機會拓展個人的教育視野。本人毫無粉飾做作之意，但是我相信書中所提出的觀點或者那些摸索、累積的一家之言不一定能引起共鳴。在英國的公學體系中，伊頓並不是最突出的一所學校，但她一直在刻意堅守著社會和學科角度的獨立性。我個人以為別的學校不具備這種獨立性。正如書中所述，伊頓公學好像給人一種虛幻的形象：一方面提倡學生在思想和行為上表現出自由度；另一方面卻堅持讓教師絕對依從，教學內容不容改弦更張。只有在伊頓才會有那種特有的辦學方式。雖然我認為伊頓在某些方面需要做出調整，可是她的傳統特色及其合理的依從性更要得到加強，而不應進行弱化或改良。

　　對於多數學者來說，校長的重要性都是毋庸置疑

的，但是有時候，校長仍會從教育改革的視線裡完全消失，連教學策略和組織改進都是被拿來大談特談的創新點。幸好，針對提高學校效能的研究還是讓教育委員會重新注意到了校長的重要性。可惜隨後又有諸如縮減班級大小、強制標準化教育、教師領導、民主學校以及增加課程創新之類的策略接踵而至。全都聲稱自己是提升學生學習效果的最佳解方。

最近，校長又回到了人們的視線中。政策制定者們發現如果缺少校長的領導和督促，僅靠教師、考試和教科書是無法產出良好結果的。大量議案與提倡 —— 聚焦與重新定義校長所扮演的角色 —— 正在呼籲一種建立在關懷、學習與領導的基礎上的校長身分。

此外，我也認為所有的在校教師都有共同的工作目標和理想，都會遇到相同的問題和疑難。教學過程不是孤立的心理分析或科學推演，始終脫離不開人的參與，注定受到參與者的性情的影響。此書的一個特點是坦率記錄實踐中的真情實感和直接經驗，即使提出一些試驗性的意見，也絕不會墨守他人的成規，而是提出基於既有經驗並由實踐驗證過的建議。

第一章
概論

第一章　概論

　　我們必須承認社會對教師職業始終抱有一定的偏見，認為沒有本事的人才去當教師。教師在所有行業中被視為文化層次較低的一類[1]。毫不客氣的講，教師都難成正果，所以那些才華出眾或者志向遠大之士不會選擇教師職業。我們不能說這種觀點低俗。擁有遠大抱負是優秀的特質，如果一個人能認知到自己的才能，心存進取之志，又有果決之意氣，同時具備領導意識，很有主見，那麼此人絕非池中之物，定能成就一番大事業。很多人追求事業成功的主要動機是出於虛榮心理，希望得到他人的讚許和羨慕。此外，人們也渴求權勢、地位和利益，夢想著能在政壇、商界或社會上占有一席之地。我們不一定把這種追求定義為低俗，但重要的是一個人能否光明正大的實現自己的理想，或者是否希望從中謀得回報和酬勞。古羅馬詩人賀拉斯[2]所說的那種「聲名鵲起而備受關注」的境遇正是年輕人極力追求的目標。能夠得到尊敬和禮遇，或者居高臨下的發號施令，表面上看的確令人嚮往。可是那些所謂的成功人士在獲得名利和權力後卻常常覺得很無聊，別人的順服只是流於形

1　在軍中服役、經營酒吧、從事房地產和做公務員在多數人眼中都是社會地位較高的職業，其中還包括藝術家、建築師和文學家。排在第二等的包括律師、工程師、醫生和教師；牧師的地位原本很高，現在已經算不上是職業，而是一項事業。

2　賀拉斯（Horace，西元前 65 ～前 8 年），古羅馬奧古斯都時期的著名詩人、批評家、翻譯家，代表作有《詩藝》等。他是古羅馬文學「黃金時代」的代表人之一。作為翻譯家，受西塞羅（Cicero）的文學批評和理論的影響，用相當的篇幅談了創作中語言的使用和翻譯問題。綜合起來，主要有以下兩點：翻譯必須堅持活譯，摒棄直譯；本族語可透過譯借外來詞加以豐富。

式。儘管聲名顯赫之人可能失去名利地位，變得一文不名，可是成功人士很少能夠泰然處之。如果虛偽的否認權勢和地位的魅力和個中滋味，一定被人理解為愚蠢之極。惶恐的道學家們雖然一再告誡過世人，但是人性時常受名利場左右，誰也不能免俗。

然而，從事教師職業的人不可能在名利場上有太大的收穫。如果喜歡發號施令，他們可以向校長的位置努力。等到精力和銳氣漸退，對付頑童所必須的機敏和幹勁消磨殆盡後，他們可以轉到更為成熟穩妥的領域，比如進入教會，從教區牧師做起，爬升到大主教的位置也未可知。但是世俗的普通教師幾乎與牧師職位無緣。他們必須有這樣的心理準備：所有的生活重心都將圍繞著教師工作。教師一定要準備好應付各種艱難困苦，這也是該職業明顯的劣勢。教師必須不留情面的堅持精準的原則，年復一年的不斷糾正同樣的錯誤，向幼稚的心靈灌輸大量枯燥的、自己也認為是毫無意義的東西。教師要準備好應對各種利益對心智的擠壓，而且這種擠壓幾乎擺脫不掉；還要不斷應對不同人的各種思想，它們可能沒有任何道理、知識性和趣味性。教師必須一直克制內心強烈的衝動，工作中不斷追本溯源，返回到原點。如果想要成為好老師，他的頭腦容量一定很大，必須有能力組織龐雜的知識，善於化腐朽為神奇。

如果在寄宿學校任教，教師必須扮演伙食管理員或旅館經理的角色，準備面對繁雜的日常瑣事，而且那些瑣事會逐年變得日益棘手。只有工作熱情根本無法使本職業鍍上耀眼的光環，部分原因是學校必須為一大群人提供食宿，而收費卻總也

抵不上成本。

教師在和同齡人互動過程中，必須接受一個現實：他們與主流社會有些格格不入，在別人眼中是令人討厭的傢伙。周圍人對獨斷專行、喜歡說教的教師抱有戒備心理。人們自然而然的把教師視為傳教士一般的人物，認定他們因循守舊，終日一本正經的戴著假面具。

教師不可能積存下大筆的財富，除非原來就很有錢，然後自己創辦私立學校。即使那樣，如果沒有天生的領導能力和穩定可靠的人脈關係，他在事業上也要承擔很大的風險。

以上都是當教師的直接劣勢。我們必須承認這些劣勢不容小覷。

下面再說當教師的外在優勢。一所優秀公學的教師身分直接代表著個人才能。這本書針對的正是那些好學校的教師。他們的生活很有規律，也有很多健身機會，所以健康基本無虞；婚姻方面的前景比較樂觀；可以享受美妙的假期；與可愛的孩子相處也很有意思；朋友圈子會逐漸擴大；和名校掛鉤能增添個人的榮耀，因為這樣的學校能使人產生愛國精神、慈愛情懷和自豪感，代表著傳統和希望，有著悠久的歷史、鮮活的現在和光明的未來。

我們簡單思考一下人們是如何看待教師職業的。與其他職業相比，人們更傾向於認為那些沒有什麼事業追求的人才從事教師工作。每年都有一大批年輕人考入大學學習。他們很清楚自己必須要掌握一門謀生方式，可是如何實現目標卻沒有明確安排。他們當中有的想成為公務員，有的想成為律師、進入文

壇、去大學任教或者經商，但也有很多大學生願意當中小學教師，也有人想當醫生、工程師、牧師或從軍。無論怎樣，進入大學後就要開始制定人生規畫。還有一種說法，雖然少數人會出於傳統或個人偏好，注定要當老師，但是更多的人則存在這樣的模糊意識：一旦所有的門路都走不通，教師職業成為退而求其次的選擇。姑且不評論這些人的動機，就是前面的那些有志從教的年輕人也是鳳毛麟角。很少有人具備對教師職業的強烈渴望或熱情。大多數人的認知都是模糊不清的，只不過他們的反感不那麼強烈而已。他們在教過自己的老師身上體會到這一職業的成就感。因為教師在本職工作中投入了大量時間，所以孩子們唯一能近距離審視評判的職業只有他們的老師。即使學生在家裡接觸的都是專業人士，他們一般能見識到家人的生活本色，也就是工作以外的本來面目。可是他們只能在上學期間接觸到老師，而且其影響力要持續幾年時間。即使這種情景不能激發出學生的主動熱情 —— 英國中小學裡的情景大體如此 —— 無論如何也不會引起他們對教師職業的極大反感。其實教師的生活並非沒有一點吸引力。一些年輕人喜歡這一職業的原因之一就是能連續得到鍛鍊身體的機會，而其他方面也不見得無法忍受。即使面對人數不多的學生，教師的精細控制力能得到持久的鍛鍊，他們可以在管束學生的過程中體會一下權勢的作用。英國人的骨子裡都有一種強烈的權力欲和支配欲。此外，人們越來越明顯的認知到教師的整體形象還是可敬、幽默和睿智的。教師職業雖然不能激發很高的熱情，但絕對不會讓人留下卑鄙、令人不齒的印象。

第一章　概論

　　我們必須牢記這一點，只有少數人在謀求職位時能真正抱著盡職盡責的工作熱情。大多數人則希望從事自己喜歡的工作。如果某一職業的前景注定是慵懶無為，只能得到個別人的垂青和認可，那麼多數人就會樂享逍遙安逸。問題是教師在工作中能否產生從事一項偉大事業的責任感呢？答案無疑是肯定的。

　　一直到最近，沒有強烈事業心的牧師還是大有人在的。儘管存在些許的不自由，只要別人看不出來他們是頑固的無神論者，他們的生活在一定程度上和鄉紳一樣舒適安穩。很多牧師都是如此，因為沒有太大的工作壓力，所以他們既有參與體育活動、結交閒適友人的機會，也有從事園藝勞動的時間。他們沒有拯救靈魂或普渡眾生的責任感。多數情況下，他們很清楚教友們只想從他們那裡得到某種精神上的安慰。可是他們常常成為受人敬仰的牧師，都是真誠、友善、坦率和德高望重的形象。他們也會發現只要能和周圍人拉近關係，任何職業都可以感化人心、觸動靈魂。目睹了人世間的貧困、痛苦和死亡，人們的內心必定受到很大觸動。隨著時光推移，這樣的牧師即使沒有修練成聖徒天使，其心境也會變得恬淡泰然。入行之初，禮拜儀式上誦讀的每一句禱文對他們來講毫無意義，後來卻洋溢著聖潔的溫情。

　　教師也是同樣情況。如果能夠謹慎細心、盡職盡責，並富有同情心，那麼他們的個性將會得到豐富，精神境界也將得到提升。這是其他行業所比不了的。在教師看來，履行既定職責是情非得已，所以只能在業餘的閒暇時間去滿足個人興趣和愛

好的追求。各種工作難題會意想不到的匯集到他們的案頭，就像誤入小人國的格列佛，一覺醒來發現自己已被鍊子捆綁住了。那些小人的脾氣秉性表面上看差不多都一樣，但是格列佛知道他們其實個性迥異。後來他逐漸充當了小人們的引路者和指揮者的角色，心底裡的那份父親般的護佑本能復甦了。雖然他的營生不夠體面，為人冷漠、自私自利，後來卻發現自己的生活變得鮮活真實，所有的興趣和情感都被激發出來了，他對生活的真諦也有了更深刻的認知。

第二章
教師的培訓

第二章　教師的培訓

　　我承認自己對教師培訓有一些疑慮，覺得該項工作和口才訓練差不多。教師培訓的關鍵是了解教學內容的主題，同時培養活潑、親切、有效的性格。我認為教師的工作是一門藝術，僅憑示範和表演是掌握不了的。要把一個人培養成老師，卻不讓他面對真實的授課班級，僅僅封閉在孤立的研究環境裡，遇到問題時得不到協助和指點，除了自己沒有任何權威可以仰仗，那無異於在陸地上教人學游泳。除了那些高階任務，不管知識有多深奧，相對於實踐而言都是次要的。雖然懶散輕慢之人或許巧舌如簧、善於辭令，有可能成為所謂的好老師，但是畢竟為人所不齒。事實上，教師的知識越淵博，無法對學生的各種疑難感同身受、無法認知到自身的無知程度的可能性也越大。教師要把全面的知識與無盡的耐心和同情心完美的結合在一起。如果能始終讓學生保持興趣和快樂，能夠理解學生在學習能力方面的微妙差異，因為有的孩子學習比較吃力，有的則得心應手、遊刃有餘，那麼這樣的教師就能對班級發揮更大的積極作用。知識極為廣博的教師可能在大學講堂裡有出色的表現，而在中小學卻會遇到管理和訓誡的難題，他們可能見識過優秀教師的精彩的課堂表現，但在教學實踐中面對自己的學生時，很可能不能掌控課堂，無法充分抓住學生的注意力，所以無從施展學到的教學方法。此外，教學活動是一種即時的多變過程，這也是最突出的一個特點，所以教學方法一定在很大程度上表現出特異性。任何人都不可能禁錮在僵化的模式中。有的教師善於快速的互動問答，有的則精於陳述講授。如果要激發孩子的興趣，帶動其積極性，這些本領卻不太重要了。真正

高明的教師應善於在課堂上進行細膩觀察並找到問題的癥結，這正是教師培訓的一項重點任務。因為在挑剔的旁觀者面前，有太多的一流教師上課時沒有條件施展才華、顯露鋒芒。本人認識這樣的教師，校長每次進課堂聽課時都對他的授課留下深刻印象。那位教師博學嚴謹、才思敏捷，他的提問切中要害，講解明晰透澈，但是有一點校長卻不清楚，正是校長大人的在場才使得課堂秩序井然，學生們才變得規規矩矩。若是在平時，教師一定在徒勞的維持著課堂紀律，根本沒有時間進行有序的授課活動，那種讓人印象深刻的表現只是曇花一現，校長不出現就沒有機會見到了。

就培訓而言，英國公學裡的學生實際上已經被培養成了「老師」。他們上過很多課程，見識過很多老師，能在一定程度上區分教學方法的優劣。

教師的一項重要任務是培養學生的思維能力 —— 引導他們進入一種思維框架，以便能自主吸收消化知識。教師不能像釘釘子一樣硬性灌輸，而要使學生把學到的東西內化為自己的知識，這才是教學的主要目的。聽說有這樣一位優秀教師，他幾乎不在疑難問題上糾纏，卻熱情洋溢的講授知識，高度強調學習內容的重要性，給人的感覺是他所講授的內容從別的途徑根本無從獲得。其結果是學生們始終保持著興奮的期待狀態。老師所講授的內容不僅在考試中得到驗證，而且把學生的注意力吸引到課程內容上，很好的帶動了學習積極性。

我的本意並不否認經歷過一段時間培訓的教師是有優勢的，但要強調的是培訓不可能造就真正意義上的好老師，我們

第二章　教師的培訓

要看培訓的實際效果如何。培訓工作可能讓入門者粗略的知曉怎樣起步，但是聰明人能認知到紀律的重要性。他知道自己面對的孩子原本一定是無知的，沒有悟性的，只要帶動其學習興趣，他們將進步飛快 —— 教師必須獨立完成特定章節的授課任務，他在一週實踐中的累積遠遠勝過其在師範院校裡幾個月所學到的東西。

我一直認為要求高水準的老教師對開始進入公學任教的年輕教師進行指導的制度很好。前輩應到新人的班裡聽課，並偶爾為其進行教學示範。僅就教學方法而言，我一定能在半個小時內把自己的妙招盡數傳授給後輩，那些經驗已經證明都是非常有效的。

提高自主性和主動性應該是教師需要的最好訓練。如果發現某一插圖或故事有助於教學，教師就應記錄下來以備日後之需；閱讀應求廣而不求深，這樣才能累積足夠多的生動資料。在培訓階段，要允許他們進行大膽嘗試，使其懂得枯燥單調的教學模式很快就能削弱學生的注意力；促使新教師精心設計教學環節，追求精練簡潔，捨棄繁雜枯燥的課業內容。只有透過實踐，只有真正了解學生，教師才能真正掌握教學的要領。我堅信自己身上的一種特質很實用：極易喜新厭舊。我認為這是為人師的重要特質。我們可以想像得到，如果教師自己都難以忍受枯燥單調的課堂氛圍，那麼課堂無疑就是孩子們的地獄。

教育工作不是也不可能成為純科學性的工作。它是人與人的心靈碰撞，與人們日常交流有著相同的規律性。教師必須保持身心的活力。不論教師竭力灌輸的是不是枯燥至極的內容，

沉悶、倦怠、消極的人不可能在學生幼小的心田裡留下深刻的印記。

　　這裡還有一個誤區。我認識一批德高望重的教師，他們謹守的觀念是只向學生傳授那些明智之人理應感興趣的知識。可是現在心思明淨的人很少。我發現和學生一起坦誠探討老師感興趣的內容才是激發學生熱情的唯一辦法，而教師則不必考慮自己該不該喜歡。我們必須認知到學生們不會始終顧及到老師的喜好是什麼，所以這種辦法不一定總成功，但一般會有不錯的效果。然而若要利用師道尊嚴那一套規範課堂教學，那麼學生們最後一絲興趣和熱情就會被銷蝕殆盡了。最重要的是，為師者必須持有誠懇的態度。如果教師一直辛苦灌輸的內容連自己都不相信，那就很難讓學生信服。

　　最後，如果可行，在任教一段時間後，比如一年左右，年輕教師累積了一定經驗後，再安排他們進行幾週的短期進修培訓。我特別支持這種很有意義的做法。因為他們已經知道了自己的短處是什麼，也對實踐中遇到過的問題有了一定的認知。他們會謹慎的對待每一堂課，注意講課方式，認真設計課堂提問，工作熱情可能有了一定提升。他將認知到經歷許多挫折的必然性，而前輩的那些成熟技藝不是能輕易掌握的。

第三章
紀律約束

第三章　紀律約束

　　教師應該有能力維持紀律。如果沒有這種能力，或者不能學會如何維持紀律，那還不如去掃馬路。假如教師經常受制於一群男孩子，那會很傷自尊、使人蒙羞。學生對軟弱的老師沒有慈悲心腸，糟糕局面絕不會觸動他們的內心。一位朋友講過這樣的故事：他所在的學校裡經常有資歷不凡的學者型教師來班裡上課，可是他們連表面上的課堂秩序都無法維持。學生們在上課時肆意講話，教室裡書本滿天飛。每到鈴聲響起，整班學生都不由自主的衝向教室門口。老師見狀也起身衝過去用後背頂住大門。據老師說，一些學生不是故作姿態，而是覺察到情況不妙，決定努力制止混亂場面，他們等在教室外面，懇求同學們能守規矩。可是無人能抵得住當時的衝動，上課五分鐘後，那個急於爭取安寧秩序的學生卻在忙著玩遊戲 —— 把鵝毛筆連成一串，又像清潔工人推掃帚一樣推向對面的同學。

　　學校裡還有相似的情形。年級主任命令一名嚴重違紀的學生前往導師那裡接受訓導。當時老師正在批改作業，那名學生把一隻榛睡鼠扔進了他的領口裡！「我怎麼知道老師不喜歡小睡鼠呢？」男孩很委屈的辯解，可怕的眼神中流露成不服氣。

　　這類故事都是千真萬確，並非憑空杜撰。每位年輕教師一定要想到自己很可能成為此類惡作劇的受害者。另一方面，很多教師在工作伊始同樣不順利，卻能在維持紀律方面進行改進。他們像艾菲索斯競技場裡和凶猛野獸搏鬥的聖徒保羅（Apostle Paul）一樣，勇於面對教室裡的那群小魔頭，並且獲得了勝利。在一個完全失控的班級裡恢復秩序絕非易事，但隨著時間推移，教師又會接手新的班級，這時便有了經驗。我覺得

英國的男孩子在紀律性方面與別國的孩子有所不同。他們的獨立意識很強，同時又不肯接受嚴格的約束，他們不是不喜歡強權壓制，反而極其推崇鐵腕政治。他們也很願意模仿他人。假如老師能夠不惜任何代價降服帶頭鬧事者，那麼其餘的學生就會跟著俯首貼耳。另外，嚴師的名聲一旦在學生中流傳開來，對學生的管理就沒有什麼困難了。學生對這樣的老師一定心存敬畏，絕不敢調皮搗蛋。

我們很難界定哪些特質能使別人俯首聽命。獨特的人格魅力當然能使從教之路順暢。教師必須清楚自己的目標追求，要有不達目的不罷休的決心。但是一味的嚴加管束不足以解決問題，教師還必須有幽默感。隨機應變不失為有效之舉。由於男孩子特別討厭在眾人面前丟人現眼，只要不是過於尖酸刻薄的言語，一些旁敲側擊的嘲諷也是有效的方式，但是教師一定要出於善意，否則還是慎用為妙。教師應具備的另一項特質是能不失尊嚴和風度的發脾氣。無論孩童還是成年人，幾乎所有人都不願意惹人生氣。教師動怒時要有所克制，不能過分。我認識一位老師，他的脾氣雖然很暴躁，卻能完全加以駕馭和控制，人們好像從未見過他有過大肆發作的時候。他有著攝人心魄的嚴峻神色。如果發生了什麼令他惱怒的事情，他會緊繃嘴角、眉頭緊鎖，一言不發的坐在那裡。學生們深知那種神情意味著什麼，都明白最好不要招惹老師發火。一般來說，當場處置學生的違紀問題不是明智之舉；如果暫時進行擱置，讓學生聽候發落，他不知道會受到何種懲處，其心情必定忐忑不安。在這種情況下，教師的訓誡或懲罰明朗後，學生心中常常產生

一種如蒙大赦的心態。此外，單獨的一名學生通常很明事理，但在夥伴面前則不一樣，他的顏面需要興奮刺激的因素來維繫。這是一種本能，近似於「人來瘋」的表現心理。

　　教師應盡可能克制上面提到的消極情緒，綜合運用寬容、讚許和欣賞等等積極態度，這樣才能表現出更有價值的素養；透過由衷的笑容、和藹的態度，透過表揚進行責備也是很有效的方式。我見識過一位老師在嚴明紀律要求時的優異表現。他對壞脾氣的孩子只說了一句話就消除了以後的隱患：「史密斯同學，這一次我們沒有看到你該有的最佳狀態。」那孩子的氣焰便收斂起來。

　　我們要記住一點，近些年很少出現管束學生的難題。我個人以為其中的主要原因是學校中開始出現一種令人欣喜的人際關係。教師不一定是引路人、哲學大師或良師益友，但也不一定就是學生的天敵。

　　我不相信懲戒會有什麼好作用。事實上，揮舞大棒的教師恰恰顯示了自身的軟弱無能。即使輕微的懲罰也會造成不滿情緒，最好的辦法是先給予幾次警告，然後再嚴格處理。只有那些故意的違紀情況才有必要懲處。雖然體罰的效果是存疑的，但在我的學校裡，助理教師不會放棄體罰學生的做法。我很少聽說體罰是某個場合必須動用的方式。少數時候，我可能很想責罰犯錯的學生，但是絕不會因為下不了手而後悔。我認為徹底禁止體罰學生是不現實的。的確有一些非常淘氣、心地不善的孩子，他們總喜歡惹是生非，應該透過懲戒幫助其變得成熟，但是最好由校長全權負責實施。

我的經驗是在每學期之初，對每個新生班級進行一次小規模訓話，講明具體要求，明確規則，坦誠的告訴孩子們我將會盡力做好本職工作，同時也期望看到他們的最佳表現。我會首先聲明不會體罰學生，但是在必要的時候，他們受到的可能是一輩子忘不了的懲罰。最後還要說師生之間必須先做朋友，並希望成為終生的朋友。

　　在紀律教育方面濫用感情無疑也是錯誤的。孩子們應該清楚通常的規則和紀律。有一位非常失敗的老師曾向同事炫耀他有特殊能力，自以為一旦得到發揮就能解決問題，並且屢試不爽。「我用手指著犯錯的小子厲聲責問，如果他的母親親眼看到他的表現會怎麼想啊。」幸運的是多數同事都幽默的替這位無能的老師留了面子，但是沒有對這種做法進行批評是所有教師面臨的難題。很多教師對學生管教苛刻，覺得沒有紀律就無法展開工作。我知道有的人很善於利用懲罰的震懾作用使他人俯首聽命，有的人則從來不會嚴格要求別人，只要沒有公然搗亂就心滿意足了。我們應認知到，上課時學生在角落裡打盹或者把玩手錶之類的行為是在挑戰老師的權威，如果坐視不管，權威必然受損。

　　另一種紀律要求可以形容為家庭式的規矩。班級裡應該展現家庭氛圍，規矩越少越好，但要從心底裡遵守那些規矩。作為一家之主的教師應該盡量摒棄專橫的作風，要有慈父般的態度。他應該是隨和友善、善於溝通交流的家長。老師出現在教室裡的時候不會造成任何學生的驚慌。老師出現的理由不應該是監視和看管，而是要讓孩子們感受到明顯的善意和關心。既

第三章　紀律約束

要委託優秀學生行使盡可能多的權力，又要提出要求：在沒有徵得導師允許的情況下不得體罰其他同學。我曾一度認為任何形式的體罰都應禁止，但是有一件事讓我遲疑了。當時一名非常認真負責的年級長向我報告，說他處理了三名在晚課上搗亂的學生[3]。「我知道您不喜歡那樣處理，可是沒有辦法。我勸過他們，可是一離開視線又開始胡鬧。我不能置之不理，轉身走開向老師報告，所以必須要教訓他們一下。」自此以後，我便默許了偶爾的體罰，但仍堅持在動用體罰方式前盡可能弄清緣由。孩子們是通情達理的，假如有一名學生向年級長提出異議，認為舍監老師才有處罰的決定權，或者投訴受到過當處罰，那麼教師就難辭其咎，所以我們很容易理解教師應當發揮什麼樣的作用。

3　搗亂的學生，伊頓公學等學校規定違紀學生要接受藤條鞭打的處罰。

第四章
教學活動

第四章 教學活動

　　每位教師一定有自己獨到的教學方法，所以很難替教學活動制定標準化的規程。教師首先要有耐心。雖然說起來很容易，但是有很大的修正餘地。要意識到學生們對教師已經掌握的大量知識可能一無所知。性情平和的人容易陷入一種漫不經心的狀態，其結果會導致學生的倦怠，使他們不能透過自己的努力獨立克服學習中的困難。如果老師輕易說出「我解決不了這個問題」，如果認為能在課堂上寫出一串單字就足以證明學生已經進行了充分準備，那麼很多學生就會認為老師很容易糊弄，可以事先準備一堆表面上類同的簡單詞彙，但不會在課程內容上多下功夫。學生們在學習過程中如果遇到困惑，教師必須加以區分，有的勤奮好學，有的卻好逸惡勞，因此要巧妙的運用不同對策。儘管如此，教師最好能嚴格要求，做到言之有理。

　　其次，教學過程中應做到乾脆清晰、果斷明確。每當那些反應遲鈍的孩子發現書本上的內容讓他無法理解，理由是 A 老師講的是一種意思，B 老師卻有另一番解釋，教師如能及時指點迷津並得到學生的認可，這無疑是對教師的最大獎賞。

　　我認識一些著名的學者，他們在教學時過於謹小慎微、猶豫不決，甚至當眾求助於辭典。雖然那是一種嚴謹的探究式教學模式，但是其效果卻大打折扣。即使偶爾出錯，教師也要表明態度，最好能做到明確果斷、不容置疑。這一原則當然不適用於高年級或能力較強的學生，更不適合小班型的私下輔導課程。但是該原則在面對能力有限的學生還是必要的。不管使用什麼方法，教師必須解開學生的謎團。如果學生能從課文注釋

中得到啟發，自然會明白國外作者都有非同一般的文字功底，他們有可能表達任何意思，讀者也可以進行不同的解釋，所以教師在關鍵時刻一定要給予明確的指引，絕不可含糊其辭。在當前的教育體制下，很多孩子不會理解作者寫作之前早已胸有成竹，其表達方式完全出於自然，而理解難度在於我們沒有完全熟悉他們的語言，沒有形成外語的直覺。對於這樣的學生來說，能學會準確判斷無疑是真正的收穫。

另外，有的男孩子很精明機敏，經常故意刁難老師。他們能利用機會展現才智和精力，如果認為老師沒有充分掌握授課內容，他們就會耍小聰明，故意提出一些貌似弱智的問題，這就有可能暴露老師的知識缺陷。教師在這種學生面前必須表現出決斷力。

課堂教學或多或少具有戲劇表演的性質。我們都能從中發現趣味性和娛樂功能，同時要完成特定任務。我們在課堂上應嘗試多種教學方法，比如使用黑板，適當採用幽默搞笑的形式，講一些奇聞異事，研究探討一些專題，或者點評時事。學生們上完課後會覺得既準確掌握了知識，又生動領略了成熟頭腦的風采。廚師決定加入什麼、加入多少食材和調味料才能使一鍋大雜燴美味可口。教師同樣要依據個人品味和才智安排授課形式和內容，並使之系統結合。教師可能被學生的無知問題引入歧途或偏離主題，所以必須保持清醒，做出敏捷的反應，識破別有用心的學生的詭計，同時要對何時化解師生間的對立態勢做出快速判斷。學生對老師連續的提問和要求都有一種牴觸心理，他們要麼故意迴避，要麼用嚴肅的表情和低垂的目光

第四章　教學活動

加以偽裝掩飾。這些伎倆有時的確能騙過最精明的老師。我相信多數孩子都有一定的商業頭腦，算計付出的學費是否物有所值，所以他們很善於權衡利弊得失。我聽到過學生抱怨老師上課時很有意思，可是下課後卻發現他們好像什麼也沒聽懂，什麼也沒學到。我們應尊重學生的個性發展，保證教育的多樣性，但是完全沒有必要以此為藉口放鬆紀律約束。我們可以用例子說明教師對差異性的重視程度。學習希臘語中的不規則動詞是令學生們撓頭的科目，但是教師可以針對不同動詞的變化進行快速提問，如果學生能準確回答，便可以得到獎勵加分。教師向班級報告學生的所得分數後，就可以在學生中形成一種競爭氛圍，從而帶動他們在其他方面的競爭意識，使其努力達到明確的目標。如果要讓學生掌握希臘語條件句之類的複雜語法問題，教師可以先進行精確講解，然後給出不同的例句，結合一些必要詞彙，然後要求學生現場進行書寫練習。為了爭取在最短時間內讓全班同學都能正確完成教學目標，教師可以繼續安排難度較低相關活動。在這種情況下，即使是成績最不好的孩子也會產生強烈的學習熱情，並沿著正確的方向獲得良好的成績。

　　有一些教師會向學生提出大量問題。如果班型比較大，只有那些近乎天才的學生才能配合老師保持問答環節的一定效率，這樣才能使所有學生保持始終如一的專注度。另外，如果激發出必要的競爭意識，教師則需要付出大量精力把競爭控制在合理範圍內。我認為可以在小班裡多利用問答形式，而在大班型的課堂上，以講授為主並穿插提問的形式更有效果。教師

的特質仍然要發揮作用。如果教師能精心設計問題，就能帶動學生的好奇心，進而使問答環節變成活躍的多個回合的智力遊戲。能做到這一點的無疑是好老師中的典範。可是工作中能才思敏捷、如魚得水的人畢竟是少數，智商超群、應對自如的孩子也不多見，所以課堂提問很容易演變成教師和少數反應快的菁英學生之間的遊戲，大多數學生只能懵懂的旁觀，成為不知所以然的局外人。

　　某些教師過分重視課堂問答活動的作用。據說一位知名校長堅決要求所有學生必須立刻回答老師的提問。比如他會問到狄更斯（Dickens）的《荒涼山莊》提到的非洲地名「Borrioboo-la-Gha」，學習吃力的學生只能跟著好學生大聲附和，表面上的積極表現和熱鬧氣氛掩蓋了部分學生的實際問題。我再舉一個例子，有一名體育突出的學生在夏日的課堂上昏昏沉沉的打了個盹，清醒後恰巧趕上老師說話的停頓間隙。按照以往的慣例，老師提過問題後會等著大家一起回答，所以這名學生馬上大聲喊了一句什麼。他不是故意搗亂，而是想掩飾睡覺的事實，證明自己處於清醒狀態。可是老師剛才卻沒有提問題，因此同學們都驚呆了，教室裡的空氣猶如凝固了一般。該學生由於公然違紀立即受到訓斥，以後再也不敢隨便開口回答老師的提問了。課堂秩序雖然得到維護，可是高聲回答問題的主動性和積極性卻沒有了。

　　順乎自然、輕鬆自如的氛圍一旦缺失，課堂教學的活力也就受到損害，這是不言而喻的。教師一般對授課內容應表現出熱情，但不應羞於流露個人的興趣所在，不應只滿足於向學生

第四章　教學活動

一味灌輸過多的繁雜資訊。正如卡萊爾[4]先生所說的，學生肯定不會喜歡呆坐在教室裡，被動的聆聽老師滔滔不絕的講述柯勒律治（Coleridge）的詩歌。授課時不矯揉造作是保證教學效果的一項必要條件，所以教師需要能保持自然本性，它和謙遜的品格一樣是難能可貴的美德。

　　很多教師有一種習慣，他們在文學課上分析作家時，無一例外的給予很高的評價，所有作品都有價值，所有作家都魅力十足。我認為這就是一種矯情做作的表現，這種授課風格最直接的功效就是摧毀學生的文學鑑賞能力。我不認為教師有很強的傾向性是壞事。弟子們在評價他們的導師阿諾德[5]博士時說他本人對古羅馬歷史學家李維[6]的態度達到近乎仇恨的地步。我覺得教師應該隨時準備坦承自己對某位作家的真實態度，並且直接給出個人理由，同時要承認哪些是純粹的個人觀點。教師不要擔心在學生面前直言不諱是否得當，比如古希臘的歷史學家修昔底德[7]既有超凡的品格，也有惡毒的一面；教師可以大膽指

4　卡萊爾（Thomas Carlyle，西元 1795 ～ 1881 年），英國評論家、諷刺作家、歷史學家。他的作品在維多利亞時代甚具影響力。代表作：《法國革命》、《論英雄、英雄崇拜和歷史上的英雄業績》、《過去與現在》等。

5　阿諾德（Matthew Arnold，西元 1822 ～ 1888 年），英國近代詩人、評論家、教育家。曾為牛津大學奧里爾學院研究員。最著名的詩作是〈多佛海灘〉，主要表現維多利亞時代的信仰危機。其他代表作：《文化與無序》、《文學和教條》等。

6　李維（Titus Livius，西元前 64 或前 59 ～ 17 年），古羅馬著名的歷史學家，他寫過多部哲學和詩歌著作，但最出名的是他的巨著《羅馬史》（原名為 Ab urbe condita，意為「自建城以來」）。

7　修昔底德（Thucydides，約西元前 460 年～約前 400 年），古希臘歷史學

出古羅馬詩人奧維德[8]的作品在流暢性上的不足，賀拉斯的詩歌表現了對美好意境的背離，尤里比底斯[9]作品中展現的簡明風格等等。教師要能夠大方的盡情讚頌荷馬[10]的英雄史詩，維吉爾的感傷詩句，色諾芬[11]的生動故事，以及賀拉斯作品中的清新韻味。教師此時表達的內容影響重大，孩子們有機會鑑賞、比較不同的文學風格，進而開始形成個人的價值取向，並找到那種取向的根據，不論他們的取向是否渺小。讓孩子們盲從輕信肯定沒有多大的意義，如能幫助他們變成有主見的人，養成獨立思考的習慣，那麼教師的工作無疑更有價值。有責任心的教

家、思想家，以《伯羅奔尼撒戰爭史》傳世，該書記述了西元前 5 世紀斯巴達和雅典之間的戰爭。

8 奧維德（Ovid，西元前 43 ～ 17 年 /18 年），奧古斯都時代的古羅馬詩人，與賀拉斯、卡圖盧斯（Catullus）和維吉爾（Vergil）齊名，一般認為奧維德、賀拉斯和維吉爾是古羅馬文學的三位經典詩人之一。羅馬帝國學者昆體良（Quintilianus）認為他是最後一位一流的拉丁愛情詩人。

9 尤里比底斯（Euripides，西元前 480 ～前 406 年），與埃斯庫羅斯（Aischulos）和索福克里斯（Sophocles）並稱為希臘三大悲劇大師，他一生共創作了九十二部作品，保留至今的有十部。對於尤里比底斯的評價，古往今來一向褒貶不一，有人說他是最偉大的悲劇作家，也有人說悲劇在他的手中衰亡，無論這些評價如何反覆，毋庸置疑的是尤里比底斯的作品對於後世的影響是深遠的。

10 荷馬（Homer，西元約前 9 世紀 — 前 8 世紀），相傳為古希臘的吟遊詩人，生於小亞細亞，失明，創作了史詩《伊利亞特》和《奧德賽》，兩者統稱《荷馬史詩》。目前沒有確切證據證明荷馬的存在，所以也有人認為他是傳說中被構造出來的人物。而關於《荷馬史詩》，大多數學者認為是當時經過幾個世紀口頭流傳的詩作的結晶。

11 色諾芬（Xenophon，西元前 427 ～前 355 年）雅典人。軍事家，文史學家。他以記錄當時的希臘歷史、蘇格拉底語錄而著稱。

師可以認為維吉爾的詩作應該得到所有人的欣賞和敬佩，但帶動學習熱情的作用卻不明顯。假如老師在前一天對修昔底德的矛盾風格言辭犀利的批評了一番，第二天又宣稱維吉爾是世界上最偉大的作家之一，這樣的教師立場鮮明，一定會令人刮目相看。如果所有人都能看得出來老師毫無見地，甚至對維吉爾沒有絲毫的仰慕之情，這就說明教師可能需要進行自我調整。無論後人如何評價，維吉爾還是維吉爾。

　　我在聽課時，一位老師的話說得很好，「你喜歡還是不喜歡都不是問題；千萬別說什麼都無所謂。」

第五章
工作任務

第五章　工作任務

我們談到工作時要從兩個角度來審視其意義，一是學生，二是教師。

第一，我非常認同一點，要讓孩子們對學習任務有清楚明確的認知。一般來說，懶惰並非小男孩身上的毛病，他們尚未開始思考特定工作的真正意義，而且也不願被束縛。如果他們出現怠慢作業的傾向，我們通常會從更有吸引力的事情中找到某種產生反作用的原因。容易懶散的學生一般具備一定的能力，他們可能因為某些興趣愛好而影響了日常學業。為了克服低年級學生的懶惰問題，最好的辦法是把作業簡化成一項強制性的任務。但是隨著年齡增長，孩子們開始質疑作業的用途。明智的對策是直接告訴他們：不可能使所有人喜歡所有的工作，但是對於自己分內的工作，即使沒有興趣也應做好。教師需要指出人們來到這個世界後一定要有事情做，而且那些工作很可能是他們不喜歡的。無論做什麼，無論多麼不情願，都要憑著良心做好每一件事，每個人都應該養成這種習慣。教師要交代清楚誠實勞動的道理，而且教師自身也要做到誠實。如果誠信不能成為充分理由，那就有必要回歸到最樸實的道理上。儘管顯得不夠聰明，但教師的職責就是必須提出這方面的要求。另外，教師工作的出發點應該是盡可能的讓學生遠離一切不必要的麻煩，並且要讓學生明白這一點，同時希望他們無論做什麼，都能盡其本分回報老師的良苦用心。我發現孩子們能夠理解這些道理，而且此番教導的實際效果也確實不錯。

另一方面，許多孩子不會完全牴觸那些真正挑戰智力的作業，所以教師應努力安排一些考驗腦力的作業，不能滿足於那

些重複抄寫之類的機械性任務。

　　我在這裡要特別提到背誦的問題。背誦性的任務對於那些文字記憶力很強的學生而言沒有難度，可是對別的學生卻是一項既耗時又費力的苦差，成為高難度的作業。我認為要求孩子背誦經典篇章其實是錯誤的，除非他們已經具備超凡的學習能力。如果課程設置中規定了必須背誦的內容，我們可以盡可能降低難度，允許能力較弱的學生根據原作的英文翻譯提示說出原文。背誦活動易於提高記憶力，所以背誦英文詩歌的效果還是不錯的。很少有學生不想把自己的母語學好，讓他們背誦大量的英文詩歌則是學好語文的好辦法。在我看來，背誦經典的目的不是為了記憶，更不應該當作懲罰學生的手段，其根本原因在於背誦能夠擴大學生的詞彙量。

　　第二，我們從教師的角度如何看待工作。世上有九成的高尚勞動都是費神費力的，這句至理名言經常被人曲解，似乎人們付出的辛勞當中有 9/10 一定是高尚的。實際上這是一個十足的偽命題。校長們應想到勤和能的問題。我深信教學工作中必須付出的辛苦勞動應該越少越好。教師要盡可能的擺脫那些無用功和不必要的辛勞，這是教師應主動擔當的一項責任。

　　我們一定要辯證的運用這一原則。在那些敬業人士的眼中，這一原則顯得過於拘泥形式。我接觸到很多教師，他們沉浸在批改作業之類的工作中無法自拔，結果是喪失了頭腦和精神的活力，也犧牲了閱讀和擴充知識的機會。他們把大量時間用於批改作業，並從中得到些許成就感，可是對孩子的成長卻沒有絲毫益處。

第五章　工作任務

　　學生一定要看到老師標記出的錯誤，也一定感覺到老師認真檢查過自己的作業。教師一旦沉溺在對學生無益的批改作業之中，實際上他本該擔負的職責卻中斷了。這並不意味著教師可以不認真履職而把時間用在消遣娛樂和體育健身方面。但如果教師常常陷入毫無創造性的瑣事雜務之中，那麼這種體制往往是有問題的。任何好的制度絕不會把教師捆綁在沒有創造性的事情上。

　　很多學校都會向學生安排書面作業，在校內完成後交給老師，大概幾天後發還。學生的思維本應是非常活躍的，在這種常規做法中卻被無情的蓄意犧牲掉了。幾乎所有的孩子都在做同樣內容的作業，比如拉丁散文閱讀或翻譯。他們有一種焦慮心態，擔心自己會犯錯誤，不知道如何翻譯等等。他們的心思會用在如何滿足老師的要求，但是耗費在這種活動的大量時間能澆滅孩子們的學習興趣，使之產生畏難情緒，不利於自信心的培養。

　　我認為教師有必要在學完每一課時，應利用幾分鐘總結一下課程內容，要求學生盡量清楚他們出現的錯誤，甚至可以向學生說明一點：他們的成績高低在一定程度上取決於自我糾錯能力。然後教師再重新檢查學生的作業情況，如有可能，和相關學生一起批閱，其效果會更好。這種做法不僅提高了工作效率，而且極大提高了教師工作的價值。如果重視教學的實際效果，教師更會意識到孩子們其實對功課和作業能產生興趣，而且一旦主動性得以帶動出來，人們便不在乎付出多少時間。那種令教師身心俱疲、對學生毫無益處的工作才是最可惡的。

教學工作當然很辛苦，而且其辛苦程度一定非同一般。許多教師都知道，在分析課文期間穿插一些寫作練習可以減輕工作強度，辦法是要求學生按照分析課文的思路進行書面寫作訓練。但是之後的文章通讀環節上可能付出更多的努力，所以不辭勞苦的老師經常放棄這種安排。我認為對學生的課文學習情況只需要進行大略的檢查，其目的是讓學生不逃避學習任務。我們應該用輕鬆的方式完成更多的寫作訓練，而且會發現那能產生令人滿意的效果。

另外，教師有責任用較短的時間細心檢查所有的書寫作業，這是從過去延續下來的做法。那時的學生每週要完成一、兩篇寫作練習，並且盡可能寫得完美。我現在仍認為每週應該安排一次高標準的書面作業，並力求學生達到較高的文學水準，從而增強學生的「寫作者的美妙成就感」。其他的寫作練習需要安排得量大又簡單，不應一味強調精美。

以前的一些校長在作業檢查方面顯得一直很不認真，但是他們能比別的教師培養出更多的好學生，我認為這是他們成功的一個原因。校長的辦公桌上常常有一大堆作業本；他們會找來一名學生，隨意抽出一本作業，然後單獨進行半個小時的精彩講解。許多作業本根本沒有翻看過，可是那名學生卻得到充分的練習機會。如果校長認為有必要認真檢查批閱每一本作業，那名每名學生的差錯只會得到教師一、兩分鐘的關注，其效果可想而知。

教育的目標之一是發展學生的智力，許許多多的教師都非常認真負責。他們只滿足於完成枯燥的機械式任務，容易忽略

發展學生智力的目標。正如教師們常講的那樣,「我們就是一群高級監工。」

　　此外,我特別支持學生記筆記,因為這種實踐有助於學生捕捉要點,提高速記能力,而且能平復少年的躁動情緒,磨練其耐性,否則他們就會把精力發洩到別的地方。記筆記恰好可以使孩子們變得安分一些。如果在那裡呆坐一節課,除了聽課沒有別的動作,孩子們一定會焦躁不安。但是許多教師不敢鼓勵學生記筆記,原因是他們很頭疼事後檢查筆記的龐大工作量,那是強加到他們頭上的苦差事。可是每次只抽查幾本還是可行的。教師可以進行粗略的瀏覽,寫幾句簡短的鼓勵性評語,這樣就能讓學生滿意了。另外,教師可以從筆記中窺見學生的內心活動,所以與多數課堂活動相比,記筆記更有意思。

　　我的結論是,教師要與時俱進,始終讓自己保持新鮮活躍的狀態,這是一項基本責任,而不能自我放縱,遷就自己。教師如果放任自己陷入無窮無盡的機械勞動,不僅不值得提倡,更應受到譴責。

　　額外一點,我為立志成為教育家的校長們,提出一些個人的教育活動清單:

1. 每天都要走訪一個班級。製作一張列有全體教師名字的清單來確保你走訪到每個班級。如果不能在上課時間走訪,就安排在上學前或放學後。如果無法一天內走訪完成所有教師的班級,按清單順延至第二天。

2. 關心每名教師的教學情況。至少為 5 名教師寫下與教育直接相關的評語。使用積極的,具體的語句。如此直到你為

每名員工都寫過評語。確保評語個性化，因為教師們必然會在午餐時間互相交流評語。

3. 每天至少表揚 5 名學生的學習成績。確保每則評語都積極、個性化且具體。可以透過口頭、書面或致電家長的方式傳達喜訊。當然，為了做到這一點，你需要更多走訪班級，與教師和學生交談並觀察學生作業。

4. 記住每個學生的名字，在走廊、運動會、音樂會或餐廳相遇時叫出他們的名字。如果不行，就每天記憶 5 個學生的名字。把學生姓名分組記憶。了解學生家長的名字。如果不了解學生的為人、表現、班級和個人需求，便無法追蹤學生的成績進步情況。

5. 高效及時的幫助員工和學生解決矛盾。強調為了全體學生的整體學習目標協同工作的重要性。可以從你的個人關係開始。如果在教師中有人最近和你有過矛盾或不愉快，告訴他你很想與他們談談並希望為了學生修復裂痕。如果家長中有人曾與你溝通不良，那就找機會與他們分享一些積極的事（比如：關於他們某個孩子的學習成績等）。也許你會問：「如果他們孩子的成績最近沒有任何進展怎麼辦？」那就思考怎樣和教師一起努力讓孩子獲得進展 —— 哪怕是一丁點進展。

6. 支持教師對學生的紀律管理。對當帶棘手班級的教師表示肯定。讚揚他們的管理能力並詢問他們是否需要幫助。將這份責任看作所有人獲得成績最根本的基礎。

7. 保證教師獲得足夠的培訓、資料和時間。盡量減少內部溝通帶來的干擾。詢問教師需要自己提供何種協助來提升工

作效果，還要及時跟進需求。

8. 與每位教師計劃一次輔導。親自講一堂課並讓教師聽課，
　　然後安排時間探討如何改善教學方法。在輔導中將關注點
　　從教師身上移到你自己身上，能獲得驚人的成效。

第六章
智育

第六章　智育

　　我們不得不承認英國公學的智育水準並不高。更為嚴重的是，我看不到任何提高的趨勢。我將在其他章節另行論述體育教育的目標，但在這裡需要聲明的是我無意批評有組織的體育活動。實際上，重視體育有很明顯的益處。但是我希望看到多項興趣的協調統一。我確信公學的老師們都有強烈的願望 ── 既要把孩子們培養成好學生，又要使他們健康成長，但老師不在乎學生的智力發展，認為順其自然就可以了。許多教師把學生的功課視為其責任。換言之，教師不是從智力方面，而是從道德角度看待這一問題。當然，公學必須在一定程度上反映國家的教育發展趨勢，而國家卻不一定把重點放在智力發展上。在我看來，國民主要看重兩種理想目標能否實現：一是成功與否，很多情況下等同於財富的多少。二是陽剛之氣，包括戶外運動能力和綜合素養的培養。從學術角度講，英國的民族理想似乎是希伯來體系和斯巴達體系的混合物 ── 既要實現國家富足，具備一定的道德水準，又要體格威猛，可是雅典人所追求的較高的知識能力似乎被徹底忽略了。我不否認優雅的言行、國民的富足和身體的強壯都很重要，可是我不理解智力為何被排除在外；不管其他國家的情況如何，英國公學應該始終重視較高的智力水準。對於學生的人生理想而言，我們的教育過於遷就低標準，只要孩子們在道德上能合乎要求，外界便拋開智力，所以男孩子的奮鬥目標就是獲得成功、身體強健。人們早已普遍遠離的對知識的追求，所以在探討知識追求時很難沒有誤解，認為那是賣弄學問或者迂腐道學的表現。人們把智育和學習活動混為一談，認為知識分子只會空談書本。

我的朋友提到一位聰明的女士時，精彩的總結了當今的人們如何理解知識的力量，「雖然她非常聰明，但一點也不令人厭惡，所以我才喜歡她。」事實上，如果處於輕視知識的氛圍當中，某些人一定會顯出學究氣或者傲氣，這樣他們才可以理直氣壯的討論別人不感興趣的話題。

智育的目的不是把每個人都培養成文學名士或大師。文學只是知識生活中的一部分內容。智育應該著眼於發展個人興趣、評判能力和專業方向。我們不能為了打發無聊的時光而沉溺在打桌球或玩橋牌之類的室內活動，也不應一味貪圖戶外活動的樂趣。我認為有知識的人要對各種思想保持敏感的頭腦，他的興趣一定很廣泛，包括政治、宗教、科學、歷史或文學等方面都有涉獵，他有強烈的求知欲和自知之明，如果沒有機會發表意見，他會安心傾聽他人之言。他不會受制於某一本新書、一篇分量十足的文章或者外行者的不負責任的鼓噪。他不會與世隔絕，更不會目光短淺、心胸狹隘、粗鄙傲慢。

我認為許多孩子自身擁有智慧的種子，很多時候因營養不良而無法萌生、自動消亡了。他們進入公學這樣的社會環境後，發現自己的人生道路有了明確的方向，也意識到大眾的期望是非常明確急迫的。他們發現自己要完成一大堆任務，可是它們無法帶動孩子們的求知欲；要參加很多課外體育活動，平時的話題也都圍繞著體育活動。除非他們對智力活動有著濃厚興趣，否則其興趣不大可能在這樣的氛圍中一直保持下去，因為周圍的一切都是十分新鮮的。坦白的講，各種活動中那些能和智力發展有關聯的因素卻是老套過時的。如果學生有一個重

第六章　智育

視智育的家庭環境，那麼他的求知興趣不可能減弱和隱蔽，而會一直保持下去。

我們的確很難改變目前忽視智育的現狀。諸如專業社團之類的組織很難完成這一任務，因為孩子們已經參加了太多的社團活動。如果再多參加一個社團就變成不厭其煩的負擔。高品質的講座、報告會和優良的圖書館可以發揮一定作用。我認為教師自身要有學習知識的興趣，這樣才能使學校教育影響國民的價值取向。如果教師始終能與外界同呼吸共發展，經常讀書看報，合理利用假期外出遊歷，廣泛結交有識之士，那麼他教的學生不可能不受到一定程度的感染和影響，因為孩子們極善於模仿。

記得小時候有一位老師深深影響了我，他就是上面描述的那種人。我猜測他的身上一定有磁鐵，所以吸引力超強。他用文學和歷史典故為我打開了通往廣闊天際的多扇大門。不僅是我，所有學生都以為他的世界遠非常人可比，一定更加寬廣、光明，更有吸引力。他沒有道貌岸然的做派 —— 對於那些沒有共同語言的旁人絕不會流露出任何輕蔑；他就是聰明的管家，僅僅把那些或新或舊的寶貝捧出來獻給我們，而很多學生都覺得自己非常想得到類似的寶貝。

因此，我不主張教師必須過分追求知識，一定要讀好書、擁有遠大理想。儘管人們不可能對一切事物都有興趣，但是所有人都可能對某一件事產生興趣。我不太關心學校開設什麼課程，只要其中能有一個激發熱情的亮點就足夠了。

我的經驗雖然微不足道，卻很有效果，既能證明學生都有

很強的求知欲，甚至超過我們的想像，而且能在正常教學工作的範圍內帶動他們的學習興趣。我通常在上課時增加一項稱為「歷史問答」的書面練習，那是關於學校歷史課方面的自主性問題。我曾用古羅馬帝國的「喀提林陰謀」[12] 為例，要求那些感興趣的學生按照自己的想法回答問題，無論怎樣解讀資料都可以。你可以將其解釋為同謀者介紹會議內容的一封信件，可以

12 喀提林陰謀（Conspiracy of Catiline），《喀提林陰謀》是古羅馬撒路斯提烏斯（Sallustius）創作的歷史著作。它記述了羅馬貴族喀提林（Catilina，約西元前 108～前 62 年）利用當時社會的不滿掀起政變而戰敗而死的經過。路奇烏斯・塞爾吉烏斯・喀提林是羅馬貴族。在保留下來的有關喀提林的史料中，對他的描述基本差不多。一般都認為喀提林出身高貴，但品格惡劣。在阿庇安（Appianus）的《羅馬史》中對喀提林及其陰謀有著較為詳細的敘述。用阿庇安的話說，喀提林是「一個著名的人物；但他是一個瘋狂的人」。西元前 68 年喀提林任羅馬的行政長官，西元前 67 年時出任阿非利加行省長官，西元前 66 年返回羅馬，後因勒索罪而受到指控，因而沒有資格參加西元前 65 年執政官的選舉。而當選為西元前 65 年執政官的普布利烏斯・奧特洛尼烏斯・帕伊圖斯和普布利烏斯・科爾涅利烏斯・蘇拉也因在競選中存在賄賂行為而被取消了執政官的職位和元老資格，這一切引起他們的強烈不滿。因為在當時的羅馬，透過賄賂競選官職是司空見慣的事情，只把他們的賄選作為懲戒的目標是他們所不能容忍的，於是這些人與喀提林、皮索等人密謀想在西元前 65 年元旦時在皮卡托利烏姆山上殺死執政官和元老院的元老，但這次陰謀由於喀提林的失誤再加上武裝的陰謀者的人數不足，最終失敗了。這就是所謂的第一次喀提林陰謀。在蘇維托尼烏斯（Suetonius）的《羅馬十二帝王傳》中也提到了這次陰謀，但過程卻與撒路斯提烏斯所描寫的不同。由於沒有更多有價值的史料來證明喀提林在第一次陰謀中的作用，撒路斯提烏斯書中重點介紹的是第二次喀提林陰謀，因為這次陰謀的主謀毫無疑問是喀提林。喀提林在西元前 62 年與羅馬軍隊的戰鬥中戰死，加圖（Cato）在西元前 46 年自殺，凱撒（Caesar）在西元前 44 年 3 月被暗殺，西塞羅在西元前 43 年 12 月被殺，當撒路斯提烏斯書中涉及到的重要人物先後去世後，約在西元前 42 年時他開始寫作《喀提林陰謀》。

第六章　智育

是一篇敘事詩的片段，或者是戲劇中的一幕場景。結果是三十名男生的普通班裡有八到十名學生在幾週後嘗試著給出了不同的解答。我發現一名同學用巴布民謠的風格對題目進行了詼諧（但不都是幽默）的處理；另一名學生改寫成了劇本；有的模仿華特‧司各特爵士[13]的筆調進行改編；也有的改寫成書信體裁；其他的嘗試用小說家哈里森‧安斯沃斯[14]的筆法描述了陰謀參與者會面的場景。我和孩子們一起用心研讀那些作業，進行認真評判，也提出一些中肯的建議。我絲毫不懷疑孩子們的濃厚興趣，並覺得其他的課業形式遠遠比不上這種作業。它讓學生重視作業，同時證明表現最好的人不等於是最成功的。我教過的一名男生可以堪稱最棒的抒情詩人，他能寫出生動流暢、情致飽滿、賞心悅目的英文詩句，卻很難看懂一篇拉丁散文，會出現大量理解性錯誤。如果認定其特長對他沒有好處就顯得十分荒謬。這正說明當時的課程設計存在嚴重缺陷，沒有為學生的文學熱情提供足夠的食糧。我們實在是嚴重低估了孩子們心裡潛藏的文學素養。

　　古典派的學者們頑固的認為必須在學校裡保留希臘語課程，主要理由是希臘文的權威性。本人認同他們的觀點，但也持保留意見。對於少數學生而言，他們可以從文學欣賞的角

---

13 華特‧司各特爵士（Sir Walter Scott, 1st Baronet，西元 1771 ～ 1832 年），蘇格蘭著名歷史小說家家及詩人。代表作：《湖邊夫人》、《泰瑞亞明的婚禮》、《島嶼的領主》、《無畏的哈洛爾德》、《昆丁‧達威爾特》和《十字軍英雄記》等。

14 哈里森‧安斯沃斯（William Harrison Ainsworth，西元 1805 ～ 1882 年），英國歷史小說家、律師。

度適度研習希臘文，但多數學生能夠鑑賞不同風格，能用母語滿足學業要求就夠了。我也不完全贊同所有的課本都採用英國文學的作品。評論家通常把文學作品解讀得過於深奧，沒有才氣可言。所以我不願看到教師把欣賞文學的美好過程降格為一門功課，更不希望把學習知識當成接觸文學的唯一目標。如果只追求知識，那麼頭腦會變得混沌、淺薄。我們應該透過用心理解和勤勉苦讀的方式鍛鍊頭腦，但是我們在上課時如果有意迴避追求知識帶來的樂趣，迴避男孩子的天性，我覺得是不對的。多年以後，那種做法會被視為可憐的、荒唐的。如果孩子們有牴觸，我們不可能指望他們在任何活動中表現良好。教育體制中存在著很多難解之題，其中之一是我們在不遺餘力的排斥學習過程中該有的趣味性，結果造成英國公學年復一年的培養了很多這樣的學生，他們痛恨知識學習，視讀書為苦役，但是各個都傲氣十足、無知透頂。更糟糕的是他們對自己的無知程度根本沒有正常的謙虛認知，而是處於一種傲視一切的無知狀態，不僅安於現狀，而且認為年輕人本應該如此，而有知識、有智慧的人好像沒有陽剛之氣，都是變態的怪物。

第七章
美育

第七章　美育

　　如果把關於人的一切追求的目的，或者說人的一切追求最後支點所說的一切，即關於人早在少年兒童時代推動人的生命的、可以說構成少年生活支點所說的一切，按照一定的觀點加以概括的話，那麼由此可以明確且肯定的得出結論，人的一切欲求最終只是三方面的：或是安寧和生命的欲求；或是認識和吸收外部世界及外部世界本質的欲求；或是直接表現對內部世界的欲求。第一種主要是宗教的欲求，第二種是自然觀察的欲求，第三種主要是自我表現、自我發展和自我觀察的欲求。如果把至此所說的一切在這第三種關係上重新加以概括，那麼可以發現，數學更多的關係到在內部表現外部，表現人內部存在的一般規律性，可以說關係到從人自身內部表現自然。因此數學也在自然與人之間處於媒介的地位。總之，數學更多的關係到理解並要求悟性；語言更多的關係到表現知覺到和感觸到的內部的東西，主要關係到理性並要求理性。然而，對於人來說，要充分表現他的全部本質，不可避免的還缺少一樣東西，這就是表現生活，表現內心生活本身，表現直接感受到的東西，表現情操。這第三種表現，即表現人的內心的一面，表現人本身，便是藝術。

　　人的一切概念，除其中之一種外，都是關係的概念，它們只能相對的被嚴格使用。或者說，一切概念處於相互關係之中，只有在最終的終極點上才必然的相互劃分開來。因而，在藝術中也有它觸及數學的一方面，即觸及悟性的一方面；觸及語言世界的一方面，即觸及理性的一方面；還有一方面是，藝術雖然純粹表現內部世界，然而卻與表現自然顯得一致；最

後還有一方面是它與宗教保持一致。然而由於這裡只言及人的一般的教育以及至少關於藝術評價的人的教育，因而所有這些關係在這裡便不可能一一加以考察了。就眼前這一程度上說，藝術僅僅在其最後的統一中被作為純粹內部世界的表現來考察和觀察的。於是，我們馬上可以注意到，藝術，即關於在內部世界活著的東西，關於真正構成內部生命本身的東西的藝術表現，由於它作為內部世界的表現所必須結合的那些材料和素材的不同，它也必然的以各不相同的方式顯現出來。這些素材，作為塵世的現象可以是，或者可以說僅僅是運動本身，但作為耳朵聽得見的東西，即產生時便消失的音響；或者主要是眼睛看得見的那些素材，即線與面的現象所產生的如顏色那樣的東西；或者主要是在空間上形體上可以感覺到的那些素材，即具有容積的各種物質。正如一再的談到的那樣，由於只存在相對嚴格的概念，因而這裡也與現實世界的一切事物中的情況一樣，表現出無數變異和結合的現象。透過純粹的音響來表現的藝術就是音樂，其中主要是唱歌；透過純粹的色彩對視覺進行表現的藝術就是繪畫；透過物質的造型和塑造在空間進行表現的藝術就是雕塑。作為繪畫與雕塑兩者結合的中間者表現的是圖畫，然而圖畫與繪畫、雕刻同樣有權利被看作透過線條來實現的純粹表現。這就是說，看起來，圖畫主要是屬於透過線條來進行表現的東西，繪畫主要是屬於透過平面來進行表現的東西，而雕塑主要是屬於透過立體來進行表現的東西。由於圖畫具有剛才所考慮到的那種媒介性質，所以正如我們在人的幼兒階段上所看到的那樣，事物的描寫和描寫事物的欲求乃是人的

發展過程中很早就表現出來的一種現象。透過雕塑及透過顏色和繪畫把自己內心世界表現出來的欲求也在人發展的早期，在幼兒階段就已經表現出來，在少年期開始時則表現得特別明顯。由此而明確的、毫無懷疑的證明，藝術與藝術心係人類共同所有，是人類共同的素養，因此應當和必須及早的，至少在少年期就開始在人身上加以培育。這樣，人在理解和評價藝術作品方面至少變得在行起來，儘管他的精神力量和生命力、他的活動主要也不是傾注在藝術方面的，並因而他本身也不會成為一名藝術家。他將透過真正的學校美育教育，來防止自己在自身內部缺乏真正藝術天分的情況下，自命不凡的把自己當成一名藝術家。因此，唱歌、圖畫、繪畫和雕塑必須透過廣泛的、包羅一切的教育和人的陶冶而應及早的得到重視，及早的被作為正規學校的正式教學對象來對待，而不是被當作一種偶然的、沒有內容、沒有意義的、可任意處置的遊戲性的東西來對待。讓每一個學生在某一藝術領域成為一名藝術家，這不是目的；讓每一個學生在一切藝術部門成為一名藝術家，這更不是目的。因為兩者本身是不能成立的，儘管前者對每個人來說在一定關係上也許是可以這樣說的。一個特定的目的應當是使每個人按照各自的特質，充分且全面的成長起來，使他能夠從人的本質的全面性和全能性上去認識自己，特別是，正如已經說過的那樣，要使每個人懂得觀察和鑑賞真正的藝術作品。

透過連貫的說話來達到的表現，正如從另一關係上說的圖畫一樣，又是一個媒介的環節。它從語言出發，但卻是內部世界的表現，可以說是精神的、純粹的、永恆活動著的和被推動

的生命的靜止表現，它屬於藝術。

在一切事物中，在生活和宗教中，同樣的在藝術中，對於表現來說，最終的和最高的目的是明確的表現純粹的人。人才是人類藝術最高的表現對象。

至此，我們已經指出了關於人類生活一般的對象、目的和內容的全部，作為這樣一些東西，在學習期的少年兒童生活中就已經表現和顯示出來。如果說至此所說的一切力求在其最終的統一及根本關係上按其本質來說明，整個青少年欲求的對象及內容與學校和教學的對象及內容。那麼，這裡還需要指出的是，青少年的欲求，作為人這個時期的欲求是按什麼樣的順序和關係，在生活中怎樣發展的；學校是怎樣和透過什麼樣的教學，以什麼樣的秩序和形式為滿足這種欲求而工作的。為了透過學校來滿足一般意義上人的欲求，特別是滿足人在他的少年期的欲求，學校應做些什麼，這些都是我們教育工作者著重要研究的課題。

第八章
從固定思維到成長思維

第八章　從固定思維到成長思維

知道固定思維和成長思維很重要，然而，成長思維產生行動更加重要。每一位教育工作者都有能力幫助學生養成成長思維或者固定思維。信念、言語和行動都可能對自己有益或有害。教師分析的資訊以及在教學和對話中強調的資訊，都會對學生的心態產生強大的影響。每當想到一名教師對於一個學生的影響力，想想推土機，想想海嘯，想想鼓舞。的確，教師的力量可以和所有這些相提並論。

馬丁是一個快要輟學的孩子。他在所有學科領域裡掙扎，在數學上尤甚。當遇到難事時，他會認為跟教師講俏皮話更容易，在課堂上搗亂才可以掩蓋自己內心的掙扎。公學一年級裡，他開始使用和過去相同的伎倆，避免人們發現他在數學上的劣勢。這時候，他的教師從見到他的第一天就想要了解馬丁。教師想知道這個孩子不為人知的一面。為什麼馬丁會有這樣的表現？他每天分心的根本原因是什麼？數學教師出去找到了自習室裡的馬丁，詢問他過得如何。聊天進行了一會。然而，在某一時刻，馬丁感覺這名教師就是值得他信任的人。正是這份信任，讓教師開始走近這個孩子，這是其他人無法做到的。

教師替馬丁做了個人數學評估，精確的找到馬丁的差距在哪裡。教師發現他有差距，開始輔導他來彌補這個差距。輔導顯示，馬丁獲得了很小的進步。然而，數學教師很快意識到一個需要教師們共同關心的問題，這個問題更深入、更關鍵：教師產生了一種強烈的預感，感到馬丁不再信任自己是個學生，而且教師必須每天強調他是一名很正常的學生，他才能獲得一

點點的進步。馬丁必須意識到，問題不是他不能夠，而是他沒有給自己學習所需的核心策略。教師告訴他，如果付出時間和努力，他就可以看到自己在理解數學問題上的成長。教師和馬丁討論了對於學習、努力和關注點的態度如何影響他對待數學。教師鼓勵他一直以態度和努力為中心，並且告訴他：「讓我們看看會發生什麼。」

很明顯，教師的期望值很高，但是他知道如果自己可以讓馬丁為了擺正心態而行動起來，馬丁的數學成績很快就能跟上。教師使用數學評估來建立一條基線，並且開始畫出馬丁成績的曲線圖。每一週，教師都會對馬丁學習的概念進行簡短評價，展示馬丁的成長。每一天，教師都幫助馬丁自我反省，了解自己投入的程度。經過這個過程，馬丁開始看到自己在數學上投入的時間與努力和自己的提升有直接關聯。經過這個過程，馬丁開始用新的眼光看待自己，他認為自己能夠成為一名好學生，也會把數學學好。其實，他已經從固定思維轉變成成長心態。馬丁發現自己所處的環境很普遍。教師對心態的理解就是支持學生所需的強大動力，從而讓學生得到鼓舞，知道自己真正能做什麼。康德（Kant）指出，「如果你意識到自己形成了固定思維，你就不會被它束縛，因為你可以自己修正心態。」

不管是我們目睹的、我們參與的故事還是親身經歷的故事，心態的轉換是一個會引起結果動態變化的變數。這些故事讓人振奮，心態轉變的人令人驕傲，他們的成功令人高興。關於環境，關於策略，關於人際關係，為了讓他們的成功能夠在

其他學生身上得到複製，我們需要了解些什麼呢？

　　現實中，學生的心態當然可以放在一個連續統一過程的不同點上，不管是固定思維，還是成長心態。每一名學生都在不同的點上進入這個連續統一過程，而且很可能在生活的不同領域中處於不同的點上。比如，凱文在籃球和其他運動方面具有成長心態，但是在數學上具有固定思維。他的教師可以藉此機會，幫助凱文弄明白，籃球上的成長心態可以轉移到數學上，從而助他獲得成功。以下問題會對他有幫助：休息時，放學後，或週末你多久打一次籃球？為了學習新技能和技巧，你多久注意一次其他打籃球的人？如果你把額外的時間花在數學上，你認為你的數學能力會有怎樣的改觀？如果你注意同學們怎樣解決問題，並且嘗試這些技巧，這會怎樣幫助你了解數學呢？

　　既然我們了解了心態的力量，對於成年人來說，接受學生們正常所在的位置是不情願的。因此，我們有義務來幫助學生們評估自己所處的位置，並創造條件，讓他們加強成長心態，開始個人轉變。

　　增強 5 至 12 年級學生成長心態的練習，讓班上的學生採訪一個他們生活中的成年人，給他們以下參考：

- ☐ 和成年人分享自己正在學習怎樣解決每個人生活中都會遇到的棘手問題。
- ☐ 更加具體的，分享你正在學習怎樣讓態度、信念和努力在完成挑戰中發揮作用。

☐ 向成年人提出兩個問題：「請描述你生活中遇到的一個大挑戰」、「為什麼在這個問題上獲得成功那麼重要？」

☐ 讓成年人分享關於那個挑戰的前後細節，這樣你就設身處地，身臨其境，面對這個挑戰。更加具體的，詢問在場的人他們必須挑戰的變數，詢問人們的觀點、面對的風險以及他們對挑戰的感受是什麼？

☐ 詢問什麼是緊要關頭？

☐ 詢問他們使用了怎樣的策略來協助解決問題。

☐ 詢問他們的態度和努力有多麼重要。

☐ 詢問他們今天是否做了不一樣的事情，詢問他們對於問題結果的感受是什麼。

　　隨著每個學生進行單獨活動，讓學生們和同學們分享自己的參訪故事。在每種情況下，都要向學生們複述自己聽到的，並詢問學生們一些探究性問題。讓學生們站在當事人的角度思考問題。詢問學生們自己遇到類似的處境會怎麼做。還有，詢問學生學習了成長心態後，會有什麼不同的做法。後續的活動將擴展學習，提供給學生們一個加深理解的機會。進行良好的活動，就是讓學生們回想他們願意讓情況好轉的時候。這種反應會進一步導致學生們加深心態轉換需要的理解。

　　指導學生自我反省的核心問題：

☐ 我本身的工作足夠努力嗎？

☐ 我對工作還能再努力一些嗎？

☐ 我需要全新的策略嗎？

☐ 關於我的理解和我接下來所需的指導，我需要澄清自己給
教師的回饋嗎？

☐ 我可以改變態度嗎？

☐ 如果我不能改變態度，我可以改變方法嗎？

☐ 媒體以及與同學合作對於現在的學習小組會有幫助嗎？

☐ 我自己能做些什麼事情，來讓學習經歷變得更有趣、更有
意義？

☐ 如果我朝著成長心態改變自己，這會成為習慣嗎？

☐ 如果我記錄自己在學習上的態度、努力和提升，調查結果
準確嗎？我可以改變這個趨勢嗎？

成長心態直接關係到學生學習的情緒參與、行為參與和認
知參與。當教育家和教育工作者明白了成長心態的力量，他們
歡迎和教會學生所用的詞語就會影響他們的情緒參與。以努力
為焦點的強調回饋的詞語對學生成長十分必要，這不僅僅是獲
得優秀成績這麼簡單，而是為了理解而學習以及把學習應用到
生活情景中。當教育家重視學生的想法並建立一個支持社群，
情緒參與就會得到加強。

成長心態的特點，包括迎接挑戰、遇到挫折時堅持住、為
了掌握知識而努力以及成長為學生的回饋。行為參與就是教師
幫助學生理解成長心態的特點並為學生創造迎接挑戰的機會。

成長心態的特點也對認知參與產生直接影響。教師給學生
們時間來自我反省，記錄付出的努力，鼓勵靈活的解決問題，
並創造一個明顯具有學習樂趣的氛圍，讓學生理解學習的重
要性。

第九章
論創造力的培養

第九章 論創造力的培養

據說寄宿學校都建立在若干社會傳統的基礎上，而這種制度反倒成為創造力的大敵。我必須堅決反對這種說法。其實傳統和常規不能湮滅高階的創造力。我認為真正值得擁有的創造力屬於人的頭腦和心靈，不可能被淺薄的老套的成規磨滅。英國公學更善於塑造學生的特質，但是那種特質類型是超常的。我相信公學能把更多的人提升到很高的水準，而不是把更多的人降格到平庸狀態。大眾對學校的細枝末節方面的態度傾向於專橫武斷，如學生的著裝和儀態應該達到的標準。我認為這種要求有獨特的好處，因為大眾希望學生的穿著優雅得體，並在舉止上表現陽剛之氣。無論一個人有多大的創造能力，在衣著和舉止上沒有紳士風度是很糟糕的。如果個人的獨創性僅僅停留在稀奇古怪的衣著和舉止上，那麼他只是一個裝腔作勢、譁眾取寵的傻瓜。我認為公學的標準非常好。這種傳統的沿襲代表一種解脫和安慰，因為穿衣和言行的規定一旦變成簡單的機械性習慣，學生們的頭腦就能得到解脫，專注於那些更重要的事情上去。

很多公學都是這樣：關於體育活動是否會壓縮學生的成長空間，體育負責人的考量要多於別人。我只想說體育方面的成就在短時間內有著很大的吸引力，而且在男孩子身上的作用也容易得到放大，同時他們的智力發展還有不足，他們的思想境界也不高。但是我不相信體育理想的追求會擾亂思想的平衡，其實他們的思想境界不一定很低。實際上，體育活動對心智比較成熟的學生是有益處的，不僅不會破壞，反而能保持身心的均衡發展。心智早熟的孩子容易把體育視為人生追求中的一種

討厭的干擾，而體育的好處在於能使他們充分認知到保持健康的必要性。這是那些心智早熟卻體格羸弱的孩子必學的重要一課，所以年少時不應忽視體育。

　　各所學校都很重視智育和德育工作，但是創造性的培養一定受到影響，所以其發展空間是否受到擠壓的問題依然存在。我認為這種影響很小，基本上產生不了什麼作用。因為學生上學後就被置於特定環境之中，在獨立人格尚未形成之際，其心智不足以發揮重要作用，而外來的影響卻在發揮持續作用，所以我不能確定智力或精神作用對年幼學生的影響究竟有多大。我認為公學的孩子沒有多少機會發展智力和豐富心靈世界。如果覺得他們應該得到同情卻並不可取，因為他們的發展機會尚未真正到來。這種對學生有益的同情心不應經常公開表達，而要適時含蓄的表達出來。看到學生們在智力和情感發展上承受的龐大壓力，我對他們的未來憂心忡忡。不論創造性的高低如何，學生都享有很大的獨立性。只要在儀表和言行方面能遵從傳統和常規，別的同學很少費心關注一個學生的內心世界。

　　教師的態度卻十分關鍵。我認為各學校都存在失誤。教師必須要表現出對傳統標準的相應依從；一定要表現出對體育活動的興趣；千萬不能忽視校園生活中的所謂「小事」，比如趣味性的課外活動，否則他會得不到認可。但是如果學生們覺得老師的境界和他們的完全一樣，想像老師操心的問題不過就是哪些學生可以升學，或者校園比賽的精彩細節，這就很可悲，大錯特錯了。

　　此外，教師應敏銳的覺察到學生的品味或興趣反映出的獨

第九章　論創造力的培養

特性，並願意給予同情或幫助。教師要關心學生讀什麼書，有什麼理想和訴求；必要時能坦白心聲，暢所欲言。對自己不關心的事情故作姿態是沒有一點好處的。我主張教師有廣泛的興趣，關心各種事情，卸掉偽裝。如同醫生沒有憐憫之心，牧師藐視宗教信仰一樣，不求上進的人根本不配當老師。這就出現了一個難題，如果教師具備了經驗和資歷，他會盡職盡責的教好一門功課。我認為任何人都沒有權力隨意指導學生，除非他具備一定的知識和見地，是依靠才智生存的人。同理，適合當舍監的人必須清楚他要如何把孩子們引領到正確的軌道上。探討宗教信仰之前，我要申明以下立場：管理學生公寓不單是一份工作，只考慮薪水和職位是不對的，正如為了謀生糊口的牧師一樣都是不稱職的。所以我深信敬業精神是絕對必要的。

　　無論是當導師還是舍監，教師都應認真留意學生表現出的獨創性和明確的偏愛，要像約翰・班揚[15]的寓言《天路歷程》裡的主角一樣，默默的助燃學生的星星之火，設法鼓勵創造性的發展。教師應該努力發現每名學生喜歡的科目是什麼，盡量幫助他們消除學習中的困難，而不能只把他們塑造成千篇一律的類型，或者把他們引到教師自己喜歡的課程上。現在公學的課程內容安排得豐富多樣，包括古典文學、自然科學、歷史、數學和現代語文等，但是學生的各方面才能不可能得到充分施展，同時許多課程的教授方法枯燥無味，許多憑良心工作的教師本缺少工作熱情的情況一直存在。然而，教師團隊中一定

---

15 約翰・班揚（John Bunyan，西元 1628 ～ 1688 年），英格蘭基督教作家、布道家，著作《天路歷程》可說是最著名的基督教寓言文學出版物。

有各個學科的熱情追隨者，如果一些課程能同時得到學生和教師的青睞，那麼導師們同樣要努力促進師生間的良好關係的建立。時間問題當然是經常遇到的困難。我們必須建立一套包羅萬象的機制。根據本人的經驗，建立起上述師生關係的時間非常有限，我們現在看到的關係只是一種形式上的連結。如果教師能在學校裡完成所有教學任務，能與同事進行充分的社會互動 —— 這對維持和諧絕對必要 —— 同時能獨立完成一些研究工作，那麼剩餘的時間是很少的。這種弊端是難免的，如果下決心削減所有那些教師認為無用的工作，那麼只有管理者才會遇到這一問題。校長們最缺的就是時間，他們就像陀螺一樣從早到晚轉個不停，無暇反思和休息。如果連續工作幾個小時，很容易使人倦怠疲憊。享受田園山水的悠閒愜意時光更少得可憐，結果導致我們在面對問題時因匆忙而往往考慮不周；總覺得果斷行動的效果勝於潛心斟酌。實際上我們把大量時間都投入在一點，根本沒有顧及其他方面。

第十章
讚揚

第十章 讚揚

　　讚揚是一項有效的教育方式，可是教育工作者經常忽視它的作用。一般而言，慷慨、公開的讚美別人有悖英國人的本性。他們把讚美等同於說奉承話，是一種有償付出，並與虛偽混為一談。一個愚蠢的古老諺語反映出歷代英國人個性裡的古板特點，「花言巧語不濟事。」事實並非如此。如果有愛，那麼吃米糠吞野菜也像珍饈一樣美味，合理的真誠讚揚能讓學生心滿意足的吃下粗茶淡飯，他們能像斯巴達勇士一樣紀律嚴明、堅強無畏。雖然不能一味表揚學生，但是嚴厲挑剔的老師能坦誠讚美學生，他無疑掌握了一項了不起的本領。所以我認為所有的教師都應堅決克服英國人身上那種不屑於表達欣賞的習氣。如果教師能夠肯定班級裡學生的積極表現和出色狀態，那麼良好勢頭繼續保持下去的可能性更大，而抱怨和熟視無睹的態度卻不會有什麼好效果。教師要表揚學生的勤奮，誇讚他們精心完成的作業，這比批評和漠視更能帶動學生的積極性。

　　我認識一位女士，她隨便向一群鄉村學校的教務長們提出一個問題：他們一生中說過最有意義的恭維話是什麼？這個話題讓他們開心激動了很長時間。多數人回答是追求妻子時講過的話最了不起。但是這種關乎婚姻責任的溢美之詞的本意卻直接反映出自我為中心的態度。與批評相比，人們更容易記住別人的表揚，這是所有人的切身體會。常人面對批評會進行辯解，認為批評者不明就裡；面對表揚時卻本能的覺得對方真是眼光獨到，的確能洞悉一切。

　　由此我聯想到教師的重要工作 —— 書寫各類評語報告。我常常羞於見到學生家裡的那些檔案資料，它們像珍寶一樣被

保留著。其實裡面的內容非常輕率和不周到。教師可能對寫評語的工作感到無聊，最大的回報只不過是家長的關切而已。教師應該全面評價學生的表現，報告中不能只寫批評，也應有表揚的話。如果適度利用讚揚，人們會減少牴觸情緒，欣然接受批評。多數家長不需要面面俱到的報告書，只想確定孩子在學業上是否努力，想知道老師如何看待孩子。

學期結束時，公學舍監的一項重要任務是寫信給家長彙報情況。我不能接受對這項工作的任何怠慢和輕視。如果相同的內容重複多次，教師一定感到無聊。但是如果教師真正了解和關心學生，他會不知不覺的逐漸改變態度。教師應該努力把學生一個學期的表現如實描繪出來。當然有的人擅長，有的不善於此。事實上，這樣播下的種子一定會有結果。寫家長信時一定不要試圖在文字上耍小聰明，尤其不能用語言進行挖苦。學生家長很敏感，極其討厭那些批評自己孩子的言語，即使非常簡明扼要也不願接受。一位家長寫信給我的朋友，談起過幾位老師共同完成的一份報告，「其中的一位老師用紅墨水書寫簽名，好像很生氣的樣子。」還有教師在報告中說「孺子不可教也」，惹得家長憤然向學校寫信抗議，說校長怎麼能容留那種無能的教師，因為他「自己承認了沒辦法傳授任何知識給學生」。

父母偏袒孩子是很正常的事。如果老師用真誠的態度批評孩子，其目的是更好的反映實際情況，家長們不會排斥。事實上，他們常常十分感激老師的對孩子批評。

第十一章
舍務管理

第十一章　舍務管理

　　我總認為寄宿學校應盡可能建立在家庭模式的管理基礎上，校園生活也應有家庭氛圍。因此我主張寄宿學校的教師應該以單身為主，而且舍監更應該單身，儘管這種想法表面上顯得荒唐。雖然大學裡因為沒有實行獨身規定造成了太多的麻煩，現實中的教訓也非常慘痛，但是這種理想化的主張是不切實際的，根本實現不了，更不能強行實施。

　　獨身教師的優勢很明顯。首先，他們受家務事牽絆的程度很小，不必把教師職業看作養家糊口的唯一方式。由於沒有了家庭的束縛，他們能把時間和興趣放在學生身上。很多沒有當過父親的教師培養出強烈的父性本能，而妻兒俱全的已婚教師出於天性和生活所迫，一定會把全部心思投在家庭上。多數男人的情感容量是有限的，如果都吸附在眼前的家庭圈子，便沒有多餘的部分留給學生們了。

　　舍監老師的黃金法則要求他們感情豐富，但不能多愁善感。學生當中必然有一些較為活躍、更受關注的分子。有的則正相反，他們從來不提問不發言，即使回答問題也是言語木訥，所以很難得到老師經常的關注。除非迫不得已，他們顯然不願意和老師打交道。這種孩子畢竟是少數。教師如果能準確了解學生，幾乎所有的孩子都有值得關注的地方。大多數孩子都很關心、在乎自己。當他們意識到能引起別人的興趣時，很少有人能抗拒那種心理誘惑。

　　關鍵一點是從一開始就要讓學生明白友情是老師的出發點，而且普通的友情也是不夠的。最好的辦法是在新生入學時告訴他們你不僅是老師，而且讓他們確信老師也是朋友。多數

男孩子是戰戰兢兢的來到一個陌生環境的，新學校裡面好像住著一群食人惡魔。此時舍監的友善態度是一種莫大的安慰。如果比較一下孩子們見到老師前後的眼神變化是很有意思的。有的學生在家長的帶領下進入教師的書房，他可能既好奇又驚慌的打量著眼前這位即將掌控自己命運好幾年的傢伙。如果教師表示出未來的師生關係一定會建立在友好的基礎上，他就會用友善而又膽怯的目光看著你。

師生見過面後，個人的特質就成為重點。在我的學校裡，生活環境比較寬鬆，學生們分散居住在獨立的公寓裡。祈禱儀式後，舍監老師的慣例是熄燈前巡視所有學生的房間。我從來沒有取消舍監的這份職責，主要原因是該項工作的快樂之處。儘管學校的一些會議活動容易占用宿舍的巡視時間，老師有時候也想利用那段時間做其他工作，但是我一貫重視這種巡視，因為教師能看到學生們真實的最佳狀態。入學的第一天結束了，孩子們一般會心緒難平。宿舍裡從來不缺少議論的話題——白天看到的某一本書、一幅畫或者一件特別的事——如果沒有吹毛求疵的教師在場，多數學生都願意暢所欲言。我在巡查時盡量使談話變得輕鬆隨意，絕不會談論公事或進行斥責；另一方面，如果出現嚴重問題，友善的交流幾句就能輕易解決。

巡視時間總歸有限，學生那裡可能冒出一大堆問題，所以教師很容易拖延在宿舍裡的逗留時間。我們可以設法用一、兩分鐘接觸一名學生。這是舍監老師所能做的一項最有價值的工作。寄宿學校很難獲得一致，但應該有計畫進行。如果要

第十一章　舍務管理

求把一批學生逐一叫到辦公室見面，那完全是另外一種情形。見面後師生間的談話無論多麼輕鬆客氣，不可能與前一種方式相比，原因是學生們可能覺得老師的召見必有緣故，肯定沒有好事。我認為比較好的辦法是請學生過來一起用餐，期間不做任何說教之類的正式談話。但是老師在共進早餐的短暫時間裡埋頭看報讀信卻不是友善的姿態。此外，掌握住核心環節很重要。我們不一定用非常客套的方式讓學生們建立歸屬感和安全感。晚上的時間如果充裕，我一般會到宿舍閒逛幾分。這和之前提到的巡查不一樣，因為那時候的學生更加放鬆，都願意聚在一起無拘無束的聊天。

在任何情況下，舍監與學生相處時都應充當父親的角色，但不要感情用事。有些教師，尤其是獨身的人，在面對年幼、伶俐、惹人喜愛的孩子時，不由自主的想表現出親切柔情的一面。學生對老師的態度很敏感，討厭別人的偏愛和祖護。老師必須要有堅守公平原則的決心。假如積極活躍的學生不會因老師的私情得到任何特權，那麼其他同學明確了這一點之後肯定不會怨恨老師。接受德高望重的長輩的關愛會引發不安和緊張，可是如果和老師發生衝突意味著良好關係的破裂，那麼很少有學生勇於冒險。

隨著孩子的成長，教師必須牢記自己的言行舉止要逐步表現出應有的尊重，要用平等的態度和學生交流。要向高年級學生認真解釋行為規範和紀律方面的要求，一旦出現任何嚴重的問題，要給大孩子們充分的信任，與其坦率交流老師的想法，共同面對問題。年輕人會倍加珍惜老師的尊重，為了能在老師

看重和在乎的事情上得到信任，他們為了達到目的會不惜採取任何方法。

　　教師在學生面前要謹言慎行。即使孩子們知道自己可能身處不利地位，通常也不能守住祕密。如果有什麼事應該告訴學生，最佳策略是直言不諱。讓學生主動承擔過多的責任是不明智的，但是要讓他們認知到責任感的重要性。和學生互動時需要很多策略。教師必須防止師生關係過於隨便，明確告訴學生他的態度肯定是為了和老師交朋友，但是那種密切的關係意味著不敬，而且老師不願意把善意偽裝在漫不經心的背後。這樣就更容易保持正常的互動。

　　讓我用一件小事證明教師的坦誠如何大獲成功。每天早課前，我的一位舍監朋友通常要向學生提供茶點。有一天常見的點心換成了新品項，由於味道不佳，學生們一口未動，而且扔得到處都是。他們大聲向服務生抱怨，互相發牢騷說沒有可吃的東西。一貫嚴厲的舍監可能小題大做，先嚴懲鬧事者，然後命令大家吃下難以下嚥的點心。但是我的朋友叫來大部分學生，平靜的告訴他們那頓特別的加餐並不在學校規定的食譜裡，完全是老師個人準備的。他說以前的加餐全部是老師自掏腰包，學生們的做法很無禮，好比他們應邀去朋友那裡赴宴卻抱怨飯食難吃一樣惡劣。舍監接著又說他已經要求服務生恢復供應以前的那種點心。他心平氣和的講完了，而且態度非常坦率。結果是師生間的關係沒有絲毫的惡化，而且高年級學生派出兩名代表找到老師，表示希望保留那種點心，大家都能吃得下。

第十一章　舍務管理

　　與男生相處的必備條件是彬彬有禮。教師永遠不要捨棄禮儀，它可以在很大程度上透過實踐堅持下來。教師不要矯揉造作，應該用自然的態度對待學生，但是處理好師生關係的祕訣在於對個體的研究，根據對象不同調整應對辦法。用千篇一律的方式待人，按部就班的處理問題是不可取的做法。如能更加透澈的了解學生及其家庭和親屬的情況，並提高教師的自我認識，舍監和學生的關係將會更加和諧，師生間更容易相互理解。此外，從孩子以前學校的老師那裡獲得盡可能全面的資訊也是了解學生的好辦法。我發現別的學校的老師們總是樂於助人，盡其所能給予支持。同樣極為重要的是使學生感覺到老師和家長也能相處融洽，所以也要和學生家長建立起同樣良好的關係。家長無疑會和孩子一起議論老師的方方面面。如果家長用友好、尊敬的口氣談論老師，那麼孩子也會像對待家人一樣對待老師。此後，老師便可以安心的接受不同角色的轉換，既可以是慈父，又可以是嚴師。

　　我們可以這樣概括教師和家長的關係：相互信任是牢固的基礎，酌情處置權是調和劑。有兩個因素可能破壞雙方的和諧關係。一方面，學生家長經常不大相信學校的教師，這是很正常的現象。換作較為動聽的說法，家長不會充分信任老師的自由裁量權。家長認為一旦接受老師有處置權，那麼老師可能在管束孩子時加以利用，最終對孩子不利。他們擔心老師可能對孩子照顧不周，也可能歧視孩子，從而受到同伴的排斥，所以在和教師溝通時會有顧慮。我們必須承認教師肯定有疏忽的時候。另一方面，教師也經常處於一種兩難境地，因為他的地位

相對於古羅馬的「保民官」，必須照顧到所有學生，確保公平正義，不能放任縱容任何惡行的出現。家長和老師之間出現嚴重分歧的可能性不大，畢竟他們都真心希望把孩子培養成人。

如果家長認為把孩子送到學校的目的是學習必要的知識，培養高貴人格，造就輝煌人生，而教師的責任就是完成上述任務，那麼家長則沒有義務在子女教育方面協助學校。這種認知必須受到直接的譴責。這類家長如果認為吸菸和酗酒之類的事情無關痛癢，很可能會縱容孩子，可是學校要絕對禁止那些行為。有的家長可能瞧不起孩子們的惡作劇，卻希望犯錯的孩子能得到包庇，同時認為那是年輕人該有的狀態，代表著青春活力。有的家長喜歡聽孩子對老師的種種怪誕之處津津樂道，他們把老師的樸實和厚道解讀成軟弱無能。

這種態度或許不普遍，但不是絕對沒有。假如孩子的家庭背景符合上述情況，而且孩子的本性又是玩世不恭、心腸狠毒或者卑劣粗俗的，那麼沒有哪一位教師能更好的管控局面。如果學生是有情有義、率真正直的孩子，雖然家長對學校教育漠不關心，不主動與老師密切配合，那麼只要老師意志足夠堅定，仍然可以管理好學生。

據說有一位知名的政治家非常支持教會的主教統轄制度，但是不喜歡主教其人。相當多的家長也有同樣的矛盾心理，他們擁護公學制度，同時又在嘲諷學校的教師。家長可能認定老師都是愚蠢無能之人，所以對老師擺出一副自相矛盾的尊敬姿態。教師當然受不了這種虛偽的態度。儘管這是極端的例子，但是如果家長能和老師建立起更為積極的關係，努力公允的評

判教師，誠懇的與教師合作，信任老師的善意，認可老師的自
主權，那將是學校教育的一大收穫。因為家庭對孩子的幫助和
影響是其他因素無法相比的。只要出發點都是為了孩子的健康
成長，家長一定會積極支持學校的任何政策，堅信教師一定會
把孩子的利益放在心上。我要感激的補充一點，這些認知都是
出自我多年的執教經驗。

第十二章
結合工作調整結構

第十二章　結合工作調整結構

　　從出生的那一刻起，我們就被嵌入在一個家庭結構中。這個角色與規則的系統隨著事件和情況的改變而不斷進化。母親對青少年的期待比對小孩子的要多。學生們從他們大學的第一個學期結束回到家裡的時候開始，就不再受到父母的宵禁了。一個和諧的家庭會有一個可行的安排，並根據情況的需求不斷的做出調整。在一個教室中，一個學校裡或其他團體中，人們希望知道自己朝向哪裡、目標是什麼、誰是負責人，他們需要做些什麼以及他們的努力是如何與他人相連結的。把渴望知識的學生或有才能的老師放在一個混亂的系統裡會浪費他們的精力，並且逐漸破壞他們的有效性。結構的布局需要的是持久的關注，這也正是人們所需要的。老師有的時候發現，他們作為社會架構師的職責被管理員接手了。主管們被期望於開發政策、提供方向以及確定每個人都進度相同。有時管理人員會做到無愧於期望。但他們經常做不到這一點的。當管理人員做不到時，就必須要有人能做到，否則會變得到處都是挫折和痛苦。

　　如果沒有協調性和合作性，那麼個人再多的努力也只能產生一個不盡如人意的結果。也許你記得你付出了無窮的努力卻以失敗告終了，那是因為某些人阻礙了你獲得成功的道路。這對每個人來說那是很受挫折的一件事。如果處在這樣一種情況下，人們不斷的觸怒或指責別人，那麼就該澄清角色，來準確指出人們應該做些什麼和他們是如何與他人產生關聯的。任何一個員工都可以發起各種相關教學活動。行政上的支持並不是必須的，儘管它確實很有幫助。

小組或團隊是一個學校的基本特徵。每個班級就是一個小組，而老師常常為了教學目的而將學生聚集起來。老師和管理人員也加入了一系列不同的團隊和小組，既有人數多的小組，又有人數少的小組。無論你是領導者還是一個成員，在一個不知道目標或不知道要做什麼的小組裡，經歷都不會是愉快的。要確定一個小組明白校長提出的 4 個成功要素：

1. 我們需要做什麼？（我們的目標是什麼？我們需要完成什麼樣的任務？）

2. 我們有什麼樣的權力和資源？

3. 我們要對誰負責？

4. 我們負責什麼？（我們要製作什麼？政策？實施計畫？書面報告？口頭陳述？）

　　小組需要知道他們的任務，他們對成功與否的評判標準，還有誰負責評判他們的成就。學生小組需要知道他們是不是僅僅對彼此或者對老師負責。當校長指派一個教職員工委員會或一個特別小組時，他們需要弄清楚自身的任務和權力。他們是否需要做出決定或只是給出建議？小組需要什麼資源？如果一個小組有著易於控制的任務、足夠的權力和明確的責任，那麼它成功的可能性就更大。

　　本質上來說，我們每個人都是目標驅動的。老師或者學生應為他們了解的或關心的目標而集合起來。沒有人會被一個他們不知道的、不了解的或不信任的目標所激勵。從結構上看，你需要掌握的技巧就是建立一個明確的、可衡量的目標，也就

第十二章　結合工作調整結構

是說建立一個明確的、有挑戰性的、能夠達到的目的。在教育中建立目標時的主要障礙就是目標多樣性，一些目標是明確而具體的，而另一些卻是模糊而隱蔽的。目前，學生成就是最高目標。其次的目標是監護和控制並且把學生分類。鼓勵和發展未來的潛力很難確定，因為這既是無形的，又是靈活的。故事和其他的象徵對朝著重要目標更切實的進步是很有幫助的。

在學校和班級裡，已經存在了多種結構 —— 明確的角色和課程、評估程序、法律授權以及其他種種。其中，有的結構是很有幫助的，而有的卻產生了障礙的作用。那麼我們怎麼來確定需要什麼樣的角色安排與關係安排呢？一個可行的結構必須符合任務本身，還要符合執行任務的人們。結構絕對不是個一勞永逸的事情。一個有著清晰規章和具體程序的自上而下的結構有利於一些例行程序和重複性任務的執行，比如訂購物資，分發薪水和安排課程。但是，同樣的一個系統會在處理更複雜和更開放的任務時發生故障，尤其是那些需要技術和判斷力的任務。只有當他們作為一個老師可以在具體的情境中運用不同工具的時候，這些標準化課程和久經考驗的教學技巧才會有價值。但是，一起運用「防範教師」的發放來提供學校教學，那麼在面對不可預期的情況下每個個體老師、學生以及班級的獨一無二的特點時，這種方法總會擱淺的。

結構可以幫助我們，也可能拖我們的後腿，儘管我們常常看到的是它讓我們失敗或者阻礙我們前進。這裡有好的規則，也有不好的規則；有很棒的會議，有的就是一場災難。有的時候，掌權的人知道他們在做什麼，有時候完全沒有頭緒；

有的時候更多的處置權可以提供更多的幫助，而其他時候它只會帶來一堆爛攤子。學校有好的目標，也有不好的目標。好的目標以優點的形式呈現出來，而背地裡的野心則被隱藏起來。在公德和「真正的目標」之間尋找切實可行的平衡點，是可以為人們提供一個引以為豪和可以接受的合理焦點的。找到最合適的平衡點是一個持續的挑戰。把所有的結構都貼上官僚主義和繁文縟節的標籤是沒有任何好處的。我們需要一個為我們所有的正式的系統。這不是任何人的專屬領域。這是一個持續的舞蹈。當舞蹈跳得好的時候，可以產生持續作用的安排就形成了，但並不是每時每刻都有效的，也不是針對每一個人都可行的。但是對大部分人和大部分情況來說都適用，而這只有在老師和監督管理人停止抱怨和跳出同樣舞步的時候才會發生。

　　一個多世紀以來，週期性的一輪又一輪的改革胡亂的修補著英國的公立學校的結構，卻鮮有長遠影響。大部分宣導者都是來自上級主管，很少聽取一線教職員工或校長的意見。而這強制性的改變已經實行，不管是否明確，都打著重建的旗號，因為政策制定者和政治家都有代表性的想伸手拿到的有幸的工具。他們透過開發規則和激勵措施來克服改變或引導學校走向他們認為是新的和好的方向時所產生的抵抗。同時，老師和校長都慨嘆這種自上而下的改革與他們想在每天正面對的現實相脫離。十幾億的英鎊已經花了，卻鮮有成效。有教無類政策只是眾多例子中的一個，但是在最近的幾年裡，這是最引人注目的典型例子。

　　定期的調查顯示，英國人為自己的學校打很高的分數，卻

第十二章　結合工作調整結構

對其他國家的公立學校打很低的分數。如果就教育成就進行世界範圍的比較，便會發現英國仍落後於北歐等其他發達國家。這些所有的喧鬧卻對改善學校製造了更大的壓力，並要求提供學生們有所學的可見的證據。標準化測驗的分數讓其他教育成果黯然失色，並成了最主要的學校成績的指標，因為這個分數是可見並可理解的。當面對證據和責任的要求的時候，學校不能僅僅是抗拒，而應開發出一個積極的、拓展性的策略。富有創造力的學校領導者會看到多種選擇，這包括以下幾點：

開發並分享已經實現的其他目標的有形證據。公開展示學生的成果，家長的關於學生能力、態度積極提升的證詞，或者行為表現，低輟學率和其他層面上學校的影響可以抵消測驗成績的顯著地位。

抱著確保每個學生都能學習的目的，並致力於在教學主流中確定合理標準和包容學生全部能力。透過創建學校—家長委員會隨時讓家長和社群了解進展動態。這樣的團體是結構上的補充，他們的作用是在通知家長和當地社群和有教無類正常類似的事情之間形成一個強大的溝通紐帶。當提出的命令或改變與當地的目標和願望相違背的時候，委員會也能成為一個警告社群的媒介作用。

第十三章
體育

第十三章　體育

　　教育不應受社會的流行風氣擺布，這一點極為重要。學校教育注定要在某種程度上表現國家的理念和追求，但是名校有必要擁有自己的一套辦學思想、特色和傳統，但不能固守僵化的理念，也不應一味追求流行時尚，更不能像牆頭草一樣迎合潮流。我們要用政治家的眼光看待問題，隨時願意接受並鼓勵一切有利於教育發展的推動力量，同時也要用理智、溫和的策略抵制社會風尚的強大力量。

　　沒有哪一種社會傾向能比當下人們對體育的觀念更應該受到認真警惕和防範，而且英國人對體育的熱衷已經根深蒂固了。全國有多家體育類的專業報紙，綜合類的大報也登載大塊的體育內容，我們從中可以大體看出體育的受歡迎程度。如果發現主流晚報上原有的戰爭新聞換成了體育專欄，語出驚人的標題之下報導著英國和澳洲板球隊的賽況，那麼人們的理性很容易受到挑戰。

　　要和這種熱潮硬碰硬，認為一個偉大民族如此熱衷體育是極其無聊幼稚、荒唐可笑的表現，這完全是異想天開。最鼎盛時期的古代雅典的作家們不經意間創作出大量作品，為後世歷代的知識階層樹立了令人驚嘆的、可望而不可及的文化標竿。雅典人的另一個特點是同樣熱衷於實現體育理想。儘管現在對政治和知識的熱情不能與體育的重視程度相提並論，但是兩者並不矛盾。

　　另一方面，這種潮流也存在一定的風險。男孩子在成長過程中如果受到強勢的體育運動的影響，他們的身心發展可能失衡。如果人們認為值得為突出的運動成績奮鬥，那就應該

儘早做人生規畫，否則就來不及了，好像人生只有三十年光景似的。

　　男孩子如果認為體育是邁向成功的快捷穩妥之路，同樣是危險的。大多數喜愛體育的孩子極為渴望出人頭地，他們想得到彰顯體育精神的各種標識，比如帽子或其他紀念品，並在別人面前得意的佩戴炫耀，更想成為媒體報導中的明星人物，在萬眾矚目下出現在重大板球比賽場上大出風頭。所有這一切自然都為體育運動照上耀眼的光環。如果我們希望學生們步入現實社會之際馬上能自我調整追求體育的衝動，那麼風險性就不值得考慮了。但是熱衷體育的人如果接近或者已經步入中年，每天因正常工作忙忙碌碌的成年人就不大可能幡然悔悟了。

　　體育確實能使人保持強健的體魄，把時間用在健康有益的事情上，這都是孩子們需要的。體育能培養孩子的陽剛之氣——專注和沉著，這種人能讓他人放心，贏得信任；還能培養出面對挫折所需的從容和淡定、為團體利益犧牲自我的精神、領導能力、服從力以及吃苦耐勞等諸多重要品格。但是目前的系統性風險在於主次關係的混亂，人們在很多方面過分強調個人的表現。我要很多學生如實回答這樣的問題：他們寧願在球隊失利時自己出盡風頭，還是為了團體的勝利而讓自己出醜丟臉？我得承認只有少數學生選擇了後者。

　　人們以前經常從道德角度評價體育運動的價值，斷定體育能使人遠離各種物質誘惑。我認為這種認知是站不住腳的。運動員可能享有很高的知名度，經常得到追捧。如果孩子們因此變得貪圖名利，那就不利於他們的健康成長。

第十三章　體育

　　我不想在這裡比較不同體育項目的優劣，只想探討一下教師該用什麼態度對待體育運動。

　　毫無疑問，體育方面的成就可以成為學校教師勝任工作的重要條件。體育活動需要精心組織，與校園生活密不可分，所以需要有能力的人進行監督和指導，學生們才能信服比賽結果或成績。另外，因為體育活動能愉悅身心、有益健康，所以教師們都應該參與學校的體育活動。但是在很多私立學校，老師們好像很難接受課堂內外都要全力以赴的工作，甚至在業餘活動中還要更加積極努力的現實。

　　有體育專長的教師會發現他的從教之路能變得更加順暢，贏得學生欽佩的老師更能讓學生言聽計從。如果學生認為在課堂之外也能從老師那裡得到重要的人生教誨，他們會更加佩服老師。另一方面，體育特長並不是教師贏得學生尊敬的唯一條件。以我本人為例，在進入一所公學任教後的幾年中，足球踢得一直不錯，後來一場意外事故使我徹底無緣這一運動。我承認自己過於看重校內比賽時常露臉的機會，也擔心一旦失去就很難維繫自己在學生心目中的地位。可是我發現告別足球之後情況沒有什麼特殊變化 —— 事實上，兩個賽季以後，學生們完全不知道我曾經踢過足球。

　　教師經常犯的一個錯誤是在體育方面對學生期望過高。假如教師非常喜歡體育，明確表示每天打高爾夫球和吃飯睡覺一樣都是不可或缺的事情，那麼他很難能引導學生正確認識體育運動。我堅決支持愛好體育的教師應該發揮家長的作用，要讓孩子明白參加體育活動不是為了少數人的利益，或者一定要達

到很高的水準，教師更看重學生們的利益，他們有責任關心學生的得失。

除非水到渠成，否則我無法讓學生明白其中的道理。我堅信如果教師的確出於上述目的從事體育，那麼他能很快得到學生的認可。更為重要的是教師不能用死板的方式壓制，而是要採用正常合理的手段幫助學生認知到老師的興趣著眼點更廣，他要考慮更多更重要的事情，而不單單是團隊裡個人的功績。

我當然不提倡陽奉陰違的虛偽做法。我不希望教師把主要心思放在體育方面，同時在學生面前極力隱藏真實面目，總是表面上唱高調或揮舞道德大棒 —— 儘管我認為家長和教師的傳統角色功能有些過度弱化 —— 但是教師的確要有更廣的興趣愛好和更高的思想境界，這才是我的本意。如果教師能以真面目出現，學生們會明白高尚的道德追求與體育休閒活動的積極作用之間根本沒有矛盾。

根本的風險在於健康和娛樂的初衷逐漸被扭曲，人們過分看重體育比賽的成績，那代表著學生時代的輝煌成就。因此，孩子們在板球比賽之前就要承受壓力，他們的身體會出現異常，或者緊張失眠。他們會由衷的感激賽季裡出現的陰雨天氣，因為取消比賽會使他們如釋重負。如果淪落到這般地步，顯然不是我們想要的結果。有人說體育運動的地位已經非常穩固，其作用不容置疑，阻擋強勁的體育熱潮無異於唐吉軻德般可笑，我卻不敢苟同，無法相信所有教師都有理由隨波逐流。

回到以前的結論，教師不應只滿足於恪盡職守。如果教師按部就班的執行教學計畫，如果他觀賞甚至親身參與某項體育

第十三章　體育

活動或競賽，或者經常就體育話題高談闊論，積極評論師生們的種種優異表現，或者經過夜裡的思索之後對同樣的問題有了更成熟的認知，很難說這樣的教師有什麼失職的地方。但我認為既然身心得到了愉悅，那麼比賽結束之後，教師就要思考其他的問題，應該有讀書的欲望，或者探討體育之外的話題的打算。我可能羨慕操勞了一天卻能高枕安眠、心無牽掛的教師。我們同樣會羨慕白天四處撒歡的小狗，消耗完一身的精力後便美美的蜷縮在窩裡不動了，但是小狗不可能在生命中的種種利弊考量和權衡中糾結。

第十四章
時間管理

第十四章　時間管理

　　有一些難題常年困擾著辛勤的教師，其中之一就是如何管理時間。在其他行業，隨著級別的晉升，從業者能經常享有較多的閒置時間。他們已經擺脫了剛入行時的煎熬打拚階段，對自己喜歡的事情有了更多的選擇，工作中能夠有所取捨，把瑣事交給下屬完成。教師的情況正好相反。他們進入學校成為老師後，只能從某一年級的授課任務開始；隨著工作的深入，他們逐漸承擔其他職責，比如擔任學生的指導教師，教授特色課程，主持部門的管理工作，打理某些體育事務，履行祕書職責，管理某個工作室或體育館，整理財務帳目 —— 這是一項必須有人做的公共服務工作，雖然不是強制性的，但經常是能者多勞。還有的要負責宿舍管理。總之，一大堆新任務會落在教師的肩上，而且一般要伴隨至退休之時。

　　那麼教師應該如何應對呢？如何在百忙之中擠出時間讀書學習、思考總結？一些教師的負擔的確很重，但是我們必須承認不是所有人都有同樣的問題，因為尸位素餐的平庸之人隨處可見，他們沒有進取心，樂於接受他人安排的工作。如果種種瑣碎事務能把日程排滿，這種人就活得很滿足了。

　　學校當然需要這種實用的服從型員工，但不是唯一需要的類型。既然教師是教育工作者，那麼我們不可能過分強求他們保持思維的活躍。

　　對於工作效率高的人來說，這一問題很容易解決。有的教師精神專注、思想果斷，批閱作業和論文的速度很快，尺度掌握得當。可是我們很少見到這樣的人。我相信教師經常陷入細枝末節的雜務之中，而且整個學期都無法自拔。他們可以本著

良心應付差事，但是缺少前進的動力；雖然可以得到尊重，強令學生認真完成學業任務，但是沒有任何工作熱情。如果教師一臉疲態，學生接過仔細批改過的作業時不會受到積極的感染；如果能感受到老師的活力和熱情，學生也能被帶動起來。

簡單自然的方法往往能實現更高的效率。如果我們為自己制定出一定的規則，堅持到習慣養成之際，總能節省出大量的時間。我們要安排好個人生活，包括睡覺和娛樂的合理時間。如果能把時間管理得井井有條，盡可能克服懶散和優柔寡斷的毛病，你會突然發現時間會變得非常充裕。經過精心安排，從二十四小時中減去具體工作占用的時間之後，一天當中結餘出來的時間是很驚人的。

我們很容易找到其中的關鍵一點，那就是無論做什麼，只要有效率意識，時間總會有的。如果一個人的行動意願受到潛在壓制，那麼事情的結果一定不如人意。有的人找不到時間讀書、寫作或處理其他個人事務，其根本原因不在於他們工作有多麼繁忙，而是主觀上根本不想去努力。這是顯而易見的普遍規律。

不久前去世的一位著名主教曾在公學裡任教過十五年。他生前對我說出任教區主教後，儘管閒暇時間和從前相比只多不少，但是他完成的神學研究工作卻很有限，工作效率也遠不及從前。以前當教師時，他非常善於管理時間，明確知道在哪裡能找到自由空間，如果不充分加以利用，那就白白浪費了。

人們在處理個人工作時有理由堅決防止外來的干擾。雖然上班期間可以安排一定的會客時間，但是他們擔心不速之客的

意外來訪卻會打亂既定的日程，所以有意識的透過固定習慣避免意外干擾。

　　例如半天休假的午後經常是工作之餘鍛鍊身體的好時機。如能安排合理，鍛鍊能消除疲勞，恢復精力，使人的精神狀態達到佳境。人們接下來自然願意喝茶、聊天、思考、讀書或者悠閒的小睡一下。我根據經驗發現人們可以形成一種防範心理，更願意獨享美妙的閒暇時間，除非迫不得已，否則絕不允許他人侵占。因此，那些自主時間得到了保護並越積越多，這樣可以讀更多的書，寫出更多的文字 —— 這些收穫並不會擠占正常的工作時間，也不會使人脫離社會，更不會侵占鍛鍊身體的時間。

　　處理信函會對公學教師造成困難。隨著生活閱歷的累積，人際間的書信往來也會越來越多。我的唯一建議就是學會快速認真的處理信件，更要養成充分利用零散時間的習慣。很多無關緊要的來信當然不必勞神費時，但是那些重要的和緊急的信件也必須在閒置時間進行處理。人們發明了很多辦法提高回信的效率，比如手頭準備好取用方便的所需工具材料，認真備好各種紙張等等。

　　如果有人抱怨因工作太忙而無暇顧及別的事情，他一定缺少前面提到的某一個性條件 —— 要麼做事不得法，要麼沒有主動性。根據我的經驗，後一種情況更為常見。如果意志足夠堅定，任何工作都能完成；如果態度積極主動，那麼手頭的工作就會成為一種樂趣，人們會滿懷熱情的面對。這種主動性的最大作用是能使人做事更有條理。

第十五章
休假

第十五章　休假

　　提到怎樣合理安排假期，我有很多話要說。假期當然是充電的時間 —— 儲備在上班時間嚴重消耗的健康、精力和興趣等等。

　　我們度假時首先要安排大量的戶外活動和健身的時間，這對習慣久坐的人尤為重要。堅持科學的鍛鍊就是他們最好的補藥。然而教師卻不屬於長時間伏案工作的人，所以不應在假日只安排健身活動。教師容易找到鍛鍊身體的機會，尤其是激烈運動的參加機會也很多，這是該職業的明顯優勢。

　　我認為教師沒有理由在假期盡情放縱身體。如果在假期的白天打板球、高爾夫球或者登山，晚上閒聊、玩牌或打桌球，自以為這樣便能用更好的狀態返回工作職位。實際上他們很不情願回歸到原來那種按部就班的生活，在不得不面對未來的壓力時更容易心理失衡。

　　所以教師應該把休假的目的放在調整自己和豐富生活內容上。放在首位的當然是休息。查爾斯‧金斯萊 [16] 曾經說過，每當工作勞累過度而使健康受損之時，他經常不顧一切的脫身而去，盡情投入到劇烈的體育活動當中，結果卻發現身體恢復起來非常緩慢。後來金斯萊意識到他一直採用的放鬆辦法是在用一種壓力取代另一種壓力，結果適得其反。在假期的開始階段我們要盡量休息，之後再逐步加大運動量。這不代表消極懶

---

16 查爾斯‧金斯萊（Charles Kinsley，西元 1819 ～ 1875 年），英國文學家、學者與神學家。早年曾先後就學於皇家學院、倫敦大學以及劍橋大學，後常年擔任牧師、教授並開始發表作品。他擅長兒童文學創作，作品具有世界聲響。也是本書作者的校友。

惰，而是明智的選擇。以睡眠為例，因為教師經常晚睡早起，容易造成習慣性的睡眠不足。英國人過去認為男人每天睡眠七小時，女人睡八小時足矣，睡九小時的就是傻瓜。格萊斯頓[17]認為這個老規矩簡直荒唐透頂。所以工作辛苦的教師應該在假期多睡覺，補充睡眠是非常有意義的。

有的人喜歡旅行，有的人喜歡參觀遊覽，有的則願意在熟悉的環境裡安享居家生活；也有的人認為至關重要的是盡情享受假期，無論做什麼都可以。但是教師平時的閱讀時間很有限，從事的又是腦力勞動，所以應該利用假日認真讀書，充實自己的頭腦，保持思維的活躍度。

另外，教師在假期一般要避免接觸同事。假期可以讓頭腦清淨，使人暫時脫離平時工作環境中的那些煩惱、焦慮和常見的困擾。教師應該努力和外界多互動，讓壅塞的頭腦得到放鬆。教師要努力了解社會各界的動態，多接觸不同的人，他們總有新鮮迥異的思想觀念。如果有必要，教師應該適時進行家訪。和家長建立密切聯絡對學生的成長更為有利，有助於掌握孩子的動態，了解他們的生活狀況。假期回訪自己的大學母校，或者就在倫敦參觀一番也是不錯的選擇。最好結合興趣制定一套大致的度假計畫，根據個人喜好進行具體調整。

上述的建議主要適用於未婚教師。已婚的教師有很多事要做，包括利用假期修復因工作而疏遠了的家庭關係。通常假期過後，應該獲得良好的效果，返回工作職位時教師又能變得精

---

17 格萊斯頓（William Ewart Gladstone，西元 1809 ～ 1898 年），英國自由黨政治家，曾四度出任首相，以善於理財著稱。

神飽滿，心情舒暢，面貌一新，躊躇滿志。他們急於見到學生，樂於分享假日趣聞。

　　無論什麼職業，如果從業者因為假期而過分操勞，那實在不公平。熱衷觀光的人難以抵擋誘惑，一定會興奮的四處遊覽，盡量把遊玩時間排得很滿；愛好寫作的人可能沉浸在忘我的境界；樂善好施或者傳播福音的人更願意在休假時為人排憂解難、登壇布道。閒適和諧的度假方式應該是主流觀點，如果認為休假後還要上班工作，美好的人生再次被毀，那就不正常了。教師如果對假期依依不捨，而且經常出現這種想法，就要反思自己是否真的適合當老師，他的工作能否與個人愛好和理想相輔相成。教師不僅僅是一個行業或職業，如果一個人的內心不能專注教育事業，最好下決心改行，從事那些能實現自身價值的工作，即使犧牲世俗的遠大前程也在所不惜。這個建議似乎不切實際。最令人難以接受的或者最要命的情況就是無奈的回到沒有樂趣和熱情的工作職位，除非此人自身就是毫無熱情和沒有方向感的人。即使這樣，讓這種人在教師職位上勉強的苦苦掙扎也是極不負責的，因為教師能決定許多人的思想和個性的發展以及前途。

第十六章
社交

第十六章　社交

教師間的社交能力是非常重要的。我覺得多數寄宿制學校設立常見的公共休息室一定是基於經濟方面的考慮，但是教師必須和同事們朝夕相處，所以公共休息室也存在不可否認的明顯弊端，而別的工作領域則不存在問題，人們同處一室的時間並不連續。教師們可能已經身心俱疲或者心情不好，但是每天要和同事在休息室裡見面、用餐，不發生摩擦和矛盾是很難想像的。如果有可能，學校應像修道院一樣實行食不言的規定，教師間的矛盾或許能減少。在一個關係密切的人群中，任何小事都有可能觸動敏感的神經。講話的腔調、習以為常的聊天鬥嘴、老舊的故事、用餐的習慣方式以及不起眼的個性特徵等等，很容易惹惱敏感的人。在不增加辦學成本的情況下，應該盡量安排教師住進分開的住所裡，每天見面的機會不超過一次。我相信這樣的安排肯定很好。如果教師必須要碰面，那麼減少相互矛盾的機率只能依靠幽默的言談和優雅機智的風度了。如果教師可以不在一起用早餐，或者分散到學生當中用午餐，便可以在每天見面的情況下不發生大的矛盾。假如有校長出現，無疑會維持和諧的氛圍。各類人群當中難免有固執己見的人，也有自以為是的人。本人就曾聽說過員工聚會上的確出現過令人遺憾的場面。一位自恃清高的助教談話間總是語氣煩躁，聊到自己感興趣的話題時興致高漲的說了一句，「每天都和沒品味的人共事，可是沒有人提過拉斯金[18]！」我也聽說教師

---

[18] 拉斯金（John Ruskin，西元 1819 ～ 1900 年），英國傑出的作家、批評家、社會活動家。拉斯金在英國被人稱為「美的使者」達 50 年之久。西元 1868 年任牛津大學美術史教授。他的文字也非常優美，色彩絢麗，音調鏗鏘。代表作：《時至今日》、《芝麻與百合》、《野橄欖花冠》、《勞動者的力量》

們抱怨每週在公共餐廳總要見到不順眼的同事，他們的交流除了尖酸刻薄沒有別的。有一位年輕教師發現同事們在休息室分成涇渭分明的兩個陣營，雙方互不理睬，各自議論著本方的話題，一方討論教學班型的大小問題，另一方則嚷著在學生身體的什麼部位施加體罰更合適。

　　交流日常瑣事肯定讓人提不起興趣，但是我們的生活裡必然有種種瑣碎的事情。志趣相投的人如果在一起共事，一定會形成自己的交流圈，不可能不談論自己熟悉的話題。我認為教師應在同事互動中保持理智，要用善意的幽默言談交流。如果大家都相信和睦相處的必要性，那麼彼此間的不愉快就能輕易化解。

　　此外，每位教師都要努力和同事建立某種私交，增進相互理解，發現對方的長處，必要時給予體諒和同情。我所工作過的學校裡，同事關係極易相處。他們的住處各自分開，例外的是兩、三名年輕教師必須共處一間「陋室」，但是他們的關係都建立在私人友誼的基礎之上。舍監經常組織關係要好的同事參加小規模的便餐聚會，而掏錢請客的人也心甘情願，並不覺得吃虧。此外，出席者習慣性的身著晚禮服，雖然顯得繁瑣，但是意義非同一般，因為穿正裝用餐的人會自覺注重禮儀並表現出紳士風度。如果公共休息室裡也這樣做，儘管不太方便，但我相信一定有好處。實際上，我認為著裝問題對學生和教師都很重要，任何人都要堅持不懈的避免以穿戴邋遢、不修邊幅的形象示人。可是教師的工作繁忙，很少能參加重大社交活動，

和《經濟學釋義》等。

第十六章 社交

而且也必須甘於捨棄很多社交機會。我知道正式的晚宴在營造和睦關係、促進相互理解方面的作用不小。如果左右的客人和藹可親、討人喜歡，你就很難和他發生爭論。更重要的是，教師要讓學生認知到他們是自己的朋友和同盟者，他們的目的都是善意的，而不是出於陰謀或監視。師生間可能經常談論別的教師，我認為也是可以的。實際上，老師勇於在學生面前談論同事的優點，會極大掃清師生間的溝通障礙。我們應該避免散布小道消息，但是經常見面的人在相互交流時自然會談論他們感興趣的人 —— 如果要制定封口令，針對的就是那些傲慢無禮、刻薄傷人的語言，捕風捉影和無中生有的人。可是這種現象在英國校園裡卻盛行已久。談話需要技巧和策略，教師應該為自己確立一個準則：不能在學生面前對同事說長道短。這是原則問題，不能硬性規定。有時候教師如果能用寬容和富有人情味的方式評價其同事，可以產生很好的效果。孩子們一定會在私下裡議論各位老師如何，所以讓他們了解真實情況更為有利，而不能僅憑表面印象做出膚淺的判斷。

第十七章
信仰的儀式感

第十七章　信仰的儀式感

　　毫無疑問，英國人對宗教問題往往持謹慎態度。有人想知道一位聖人的宗教信仰，聖人回答說他的信仰和所有明理之人的信仰完全一樣。人們又追問如何準確定義宗教，聖人說宗教就是一切理智之人心目中所信守的東西。這正是許多英國人共有的理念。

　　即使一般的英國人不太喜歡宗教的淺薄意義或者畏懼那些清規戒律，即使他們對所謂的神學研究和禮拜傳統不屑一顧，或者對僵化的宗教信條和形而上的玄學理論不太熱心，我仍然認為他們對宗教的實質有很濃厚的興致。英國人信守公平、仁慈和真誠的原則，強烈的民族責任感和對美好生活的追求是其本性。但是宗教的理想色彩、聖潔的美德、神祕的儀式、超現實的信念、聖靈的象徵以及虔誠敬畏之心，好像在盎格魯 - 撒克遜民族的性格中沒有得到應有的重視。

　　我們應該培育民族性格中已有的種種美德，不能指望它們會憑空冒出來。教師如果信念堅定、盡職盡責，便有了足以影響大多數學生的強大感召力。

　　和成年人不同的是，英國的男孩子在宗教方面有良好的分寸感。儘管信仰堅定單純的成人可以經常坦率的和孩子討論宗教話題，他們的鮮明立場不會造成任何誤解，但是如果談話的目的不是發自內心本能，而是出於某種責任感，那麼任何嘗試都容易給人道貌岸然的虛偽印象 —— 這會立刻使人顏面掃地。

　　男孩子的自尊心也很強，他們不喜歡經常在別人的擺布之下吐露心聲。我記得班上的一名學生準備參加堅信禮，主持人是和學校有關係的很有名的牧師。儀式過後，牧師邀請孩子一

起喝茶。後來牧師向我反映那個孩子根本沒有去找他。我覺得奇怪，便向學生求證此事。他解釋說擔心神父可能讓他一起做禱告。他聽說那位牧師曾以喝茶為名要求一名學生祈禱，期間別的同學進去正好看見他們雙膝跪在地上。一想到當時的尷尬情景，這名學生再也無法面對了。

另一方面，只要時間和地點合適，孩子們卻十分願意並心存感激的聆聽宗教話題。在布道過程中，我總能看到學生們很喜歡探討宗教在現實社會中的意義。但是私下裡觸及宗教的任何努力都應該講究策略和方法。

堅信禮儀式的準備階段就是一個很好的機會。教師可以藉此和學生交流宗教方面的話題。我認為這不僅是舍監或導師應遵循的正確原則，而且也是他們的分內職責之一，除非有特別重要的原因，否則任何教師都不應迴避這一責任。如果老師認為自己的信仰不是正統的福音派，不便在宗教方面給出明確的意見，那麼他很難發自內心的引導學生的思想；如果教師篤信基督教，就應毫無保留的幫助學生，不應該存在無能為力或者不值得努力的消極想法。

重要的是教師有機會適時讓學生了解自己的宗教觀，他確信宗教信仰很有意義，這種機會是教師畢生事業的有力支撐；至於個人主動性不足的問題，教師完全可以對學生直言不諱，不能用高高在上的口吻講話，從不自詡為大徹大悟的信徒，而是承認自己只是比學生年長幾歲，起步時間稍早而已。無論如何，他在追隨上帝的道路上有著堅定的信念，儘管現實中很少表現出來。我認為教師的真誠付出會有更好的效果，而那些自

第十七章　信仰的儀式感

命不凡、居高臨下提要求的姿態反而產生不了什麼積極作用。

　　教師在幫助學生準備堅信禮時，最好能把某種意義上的教學和現實的指導區分開來。換言之，面向全體學生宣講教義時要力求簡潔明瞭，並以標準的《使徒信經》為依據。之後進行團體或個別指導，向學生指出宗教與生活的實際連結。但是教師須特別注意不能孤立的解釋某一條教義，一定要給出影響現實生活和日常行為的可能性和必要性。信奉上帝為萬能造物主的思想應擴展到我們無法掌控的各個方面，並成為物質意義上的堅固依託。

　　教師應注意簡化準備過程，更要保持其嚴肅性。一位出色的教師曾被問到如何讓學生準備堅信禮儀式時這樣回答，「噢，我只說了一句『打起精神來！』。」他沒有採用師生個別談話時的固定模式。人們不禁以為準備過程應該採取更加細膩恭敬的方式，不應過於放鬆。其實很多孩子對儀式的神聖之美都有本能的嚮往，對老師的要求可以做出較好的回應，也能進一步端正參加儀式的動機，這是在大庭廣眾面前達不到的效果。

　　無論是面向團體還是針對個體，教師必須自主決定哪一種指導方式更好。有些話題當然應該與學生個別交流，可是教師要找到最有效的方式。由於工作日程緊張，需要照顧的學生有很多，所以我認為重複同樣的話根本不可能產生任何新鮮感。晚上只要進行五、六次的個別談話，教師就可能開始厭煩了。如果把學生集中在一起進行準備，那麼教師要考慮得十分周全，盡可能為每名學生營造出相對寬鬆獨立的感覺；如果像往常一樣把所有學生召集到教室中，要求他們看課堂筆記的做法

幾乎沒有任何好作用。因為學生們感受到了外界的強大壓力，所以變換儀式前的指導場所極為重要。教師講話時要放鬆，不能用講稿 —— 即使講得不夠精確也要堅持，合適的地點能讓學生感覺不到同班同學的監督和審視。

然而，上面提到的內容都跟細節和個人習性有關。核心原則是教師在處理宗教問題時不應放過任何機會。假如教師沒有神職，但是家長希望孩子接受牧師的施禮，那麼教師應重視受禮前師生見面的機會，要讓孩子卸下包袱，使其明白他的利益才是最主要的。

此外，每當學生即將畢業離校之際，或者趕上他們熱情正盛的時候，或者步入社會後他們的熱血青春被外部世界的陰霾籠罩的時候，教師和他們嚴肅的探討信仰問題可以發揮良好作用。

與過去幾年相比，越來越多的學生產生比較偏激的宗教觀念。我發現在我的學校裡，團體活動時不做禱告、不讀《聖經》的學生相對較少，但是分散到各自的房間後，多數學生便對宗教活動有了怠慢。

參加教堂禮拜活動依然存在問題，而且更加難處理。對於很多家庭而言，每天參加禮拜儀式顯得非常不可思議，大多數孩子也抱有同樣心理，所以他們很容易把每天進入禮拜堂的要求視為學校的例行公事。在老師看來，參加學校的禮拜活動則是理所當然的事情，而且時間上沒有任何不便之處。如有可能，最好把儀式安排在上課前或者下課後，那樣就不會把時間浪費在往返禮拜堂的路途上了。儀式應該簡短、形式多樣，

第十七章　信仰的儀式感

比如唱歌等，但是要避免冗長枯燥的應答祈禱之類的環節。那些單調的儀式活動需要學生用心完成，不單是口頭上敷衍。有人認為那是一種很值得嘗試的有益訓練，可是有多少學生能真正從中受益呢？如何檢驗其實際效果？一些人認定只要把一件事拖得足夠長久，其價值和意義便會凸顯出來，他們的根據是「讓耐心等待的人獲益」。小時候，我的學校裡每星期舉行兩次包括應答祈禱在內的禮拜活動。同伴中很少有人承認從中得到什麼好處和收穫，更沒有培養出什麼才能，但是他們對眼前的流程視若無物，轉移注意力的本事倒是訓練出來了。

人們需要經過刻意磨練才能具備禮拜儀式上應有的專注能力，但是很少有人能夠做得到。面對一輪又一輪的互動式祈禱，男孩子的態度是消極的，他們很難集中注意力。如果祈禱過程中想進行一番冥思反省，你的注意力就會偏離；儀式還在繼續，你又得打起精神，把注意力拉回到眼前的活動上。另一方面，機械的強制學生參加禮拜活動雖然不難做到，可是一旦流於表面形式，誰敢說宗教活動能產生多大的教育感化作用呢？

因此，在組織學生參加禮拜儀式時，我要求堅持形式的多樣化。比如唱聖歌和讚美詩或者誦經環節都是正常的安排，遺憾的是無論在過去還是現在，人們用很多形式向上帝表達心願，但在我們的學校裡卻不一定都適用。聚集在禮堂裡的年輕人有著多元化的追求，他們根本沒有經歷過苦行僧式的修練，無法忍受那些流於形式的儀式過程。現成的例子有很多，比如

主教傑瑞米‧泰勒[19]的作品裡可以找到很多精彩華美的祈禱詞，還可以利用一些容易找到的其他資料來豐富活動內容。我們必須牢記一點，學校裡的日常禮拜活動不同於家庭圍坐在一起的祈禱，應該盡量保證讓真正有魅力的人擔任儀式的主持人。英國人不太重視祈禱領誦者是否有感染力。我在一次禮拜開始時聽到過一位牧師的講道，我被他的頌讀方式打動了，好像自己從未聽過那麼悅耳動聽的箴言。我在一次聖餐禮上有幸跪在格萊斯頓先生旁邊，永遠忘不了他的個人魅力和謹守戒律的虔誠儀態，每次祈禱時都能表現出發自內心的真情。

　　關於學校裡的講道環節，我認為主要應由專職人員主持，而且負責人的態度還要特別認真。走上神壇的所有人常常喪失了應有的機敏和睿智，而那些在職多年的教師最有可能發現問題的癥結所在。學校應嚴格控制講道時間，除非是造詣出眾的人，否則不要請校外的牧師來布道。有一名聰明伶俐的學生向我抱怨過主持布道的外來牧師，說他們或者把精力放在強調貞潔的重要性之類的話題上，或者勸導學生以後應獻身上帝去當牧師，或者兼而有之。所以我覺得應當事先規定和設計講道內容，不能偏離讓學生了解基督徒生活的傳道方向。如果在星期日安排兩場布道活動，學生們一定非常反感，畢竟枯燥的講經布道比上午的作文課更難忍受。校內老師冗大的訓誡可能貫穿始終，那也是一種形式的宗教儀式，因為老師們也要強迫學生

19 傑瑞米‧泰勒（Jeremy Taylor，西元 1613 ～ 1667 年），英國牧師，被譽為「神壇上的莎士比亞」，文風優雅，出口成章，其散文風格成為當時的典範，曾任查理一世（Charles I）的御用牧師，大革命時受牽連入獄，出任過都柏林大學副校長，愛爾蘭主教。

第十七章　信仰的儀式感

聆聽、講述箴言和吟唱讚美詩，必須用心領會其中真諦。

我聽說一位可敬的教區牧師以主持禮拜儀式為樂，有著慈父般的神情。每讀完幾行聖詩，他就會說那篇聖詩很難理解，接著示意教友坐下來聽他的講解。然後再補充一句，「我要撇開今天準備好的布道詞，說一說別的內容，你們明白了之後再盡情頌讀吧。」根據傳記作者的描述，這位牧師由此滔滔不絕的開始講述，經常聲情並茂，手舞足蹈。比如說到「啊！一起鼓掌吧，你們所有人」這一句時，他也會用力拍手示意。

當然，上述布道方式離不開個人的獨創性和尊貴特質。我不禁想到學校裡的儀式活動可以引進類似的生動靈活的形式。

其實我不主張一味迎合學生的心理，進而把禮拜儀式做得過於隨便，降低其莊嚴神聖之感。我清楚記得小時候在兒童唱詩班裡，自己很討厭被迫唱的歌詞。因為我不覺得自己很弱小，更不願意別人提醒自己就是小男孩的現實，所以不喜歡「我們只是孩童，弱小無力」那一句，更不能容忍的是歌詞必須提到我的「小手」，因為我的手一點也不小，實在不明白小孩的手為什麼成為大家的話題。只有大人們才願意聽這種煩人的聖歌，他們認定了孩子一定是天真弱小的，而我們親口唱出來後恰好證明了這一點。男孩子更願意把自己想像成朝聖者、勇士或者英雄；我們應該鼓勵他們，應該培養其自強自立的信心。

有一些教師喜歡在星期日晚上向學生講經布道。我相信那時的孩子們不需要太多的說教。老師的意願有時候和部分學生的行事動機是一致的。進行個別交流要比面向團體容易得多。獨處的學生都很嚴肅認真，但在同伴面前會受虛榮心的左右，

因此關閉了認知現實世界的大門，事物的表面現象會蒙蔽他們的雙眼。

　　至關重要的是要讓學生認知到大眾的宗教信仰是實現目標的方式，信仰不是人生中的獨立單元，不只局限於教堂和祈禱室裡的活動，而是整個人生的動力。如果他們相信能在校內的禮拜儀式上獲得啟示和靈感，然後能用積極清醒的態度面對人生中的各種誘惑和困難，那麼他們就會重視禮拜儀式。如果孩子們只看到莊嚴儀式的表面形式，自己是迫不得已在那裡走過場，以為只要參加活動就算對信仰有了交代，所以不必多費心思。我們不應該在學生身上強加過高的期望。我們當然希望他們樹立遠大的人生理想，但是孩子們所做的事情都很平常，其動機也很單純，如果非要樹立偉大崇高的目標，他們就像背著救世方舟的人一樣不堪重負，舉步維艱。

　　聖餐禮的莊嚴性和神聖感不容任何褻瀆和侵犯，這也十分重要。有宗教意識的教師應該勤於培養並維護那些領過聖餐的學生的敬畏之心。嚴肅神祕的儀式感可以淨化孩子的心靈，消減他們對感官刺激和物質利益的貪欲。這是任何說教和布道也產生不了作用。

　　教師要認知到自己的信仰是單純的、有生命力的；雖然不能把宗教問題一直掛在嘴邊，也不要羞於談論信仰。正是由於這種矜持，很多虔誠的英國人失去了和孩子們坦誠交流信仰話題的好機會。

第十八章
言傳不如身教

第十八章　言傳不如身教

　　榜樣是最好的教師。榜樣雖然是一種無聲的語言，它卻教給人們許多書本上根本無法得到的東西。榜樣的力量在於行動，行動比語言更能說服人、教育人、啟示人。行動就是力量。與空洞的說教不同，榜樣無時無刻不在影響一個人、鼓舞一個人。它給人一種潛移默化的影響，久而久之成為習慣。一個人一旦在榜樣的影響下形成了良好的習慣，就能受益終身。一萬句空洞的說教還不如一個實際的行動。萬千的說教家嘴上一套、行動上又是一套，這種說教又會有什麼作用呢？

　　在現實生活中，總有人喜歡讓別人按照他講的去做，而別人不能按照他做的去做。言行不一致，拿大話、空話和套話去教育別人，這樣的教育者不過是在自欺欺人而已！因為聰明的人都知道，人們往往是透過自己的眼睛去認識事物的真相，而不是只憑耳朵聽到的來判斷。親眼看到的無疑要比道聽塗說的深刻得多、豐富得多。這也就是許多大道理被講得天花亂墜而人們卻充耳不聞的原因所在。

　　對於年輕人來講，眼睛是他們獲取知識的主要通道。不管學生看到什麼，他都會無意識的模仿，不知不覺的，這些學生與他們周圍的人的行為模式一模一樣了。這正如許多昆蟲呈現出與牠們所吃的樹葉一樣的顏色一樣。

　　因此，家庭的影響就顯得尤為重要。不管學校的影響、社會的影響如何，家裡人的一舉一動、一言一行對於一個人的影響都要大得多。家庭是社會的縮影，是塑造國民性格的搖籃。不管這個家是道德高尚還是道德敗壞，它都對生活在其中的子女產生莫大的薰陶。在家庭中日漸養成的品德、習慣、生活準

則、待人接物的方式等，往往對小孩子的一生都有難以磨滅的影響。一個民族的全體國民都是從家這個「育嬰室」中長大成人的，這個「育嬰室」自身的環境、條件、道德、文化、思想品味等，都會在無形之中對生活在其中的小孩子產生強大的影響。公共輿論在很大程度上只是家庭生活規則的擴大化而已，積善行善之心、友愛他人之意都源自於家。伯克[20]說過：「友愛他人是所有的人類之愛中最珍貴的愛。」從這一點友愛他人之心出發，大而化之，就會愛人類、愛世界。真正的博愛之心與真正的仁厚之心一樣，淵源於家，但卻絕不會只囿於家庭之內。

即使一些看似細小的行為，也不能等閒視之，因為這些細小之處對於小孩子品性的好壞有不可低估的作用。父母的性格、品行總是在孩子的身上折射出來。往往是父母諄諄教導的東西早已被忘得一乾二淨，而父母日常生活中表現出來的關於情感處理方式、道德觀念、勤勞風範和自我控制等具體行為，仍然存留在孩子的心中並產生持久的影響。一些明智的男人常常把孩子們看成自己未來的重現。確實，在許多小孩子的身上我們都能見到這樣的影子。

父母無聲的行動，哪怕是有意無意的一瞥，都有可能在孩子的心中產生難以磨滅的痕跡。父母平時的良好行為曾抑制或去除了小孩子多少邪惡的行為，這實在無法弄清楚。而多少孩

---

20 伯克（Edmund Burke，西元 1729 ～ 1797 年），愛爾蘭裔英國政治家、作家、演說家、政治理論家和哲學家，他曾在英國下議院擔任了數年輝格黨的議員。

第十八章　言傳不如身教

子沉溺於各種不健康的思想之中，乃至走上犯罪的道路，這其
中又有多少直接就是受了父母的影響？正是那些父母不經意的
細小行為給了小孩子極大的影響，對他們的品性、為人產生深
遠的影響。韋斯特[21]曾說過：「母親甜蜜的吻使我成了一名畫
家。」許多人的成功與幸福就與父母這些看似細小瑣碎的事情
有系統的連結著，父母對小孩子的良好影響往往能為他以後的
成長產生極大的促進作用。在成名之後，福韋爾‧巴克斯頓[22]
曾寫信對他母親說：「我總是由衷的感覺到，為別人盡心盡力
去工作、去努力，這是一個不可移易的原則，這一原則是您
——我的母親——以自己的行動教給我的。」

　　巴克斯頓也常常滿懷感激的提及一個名叫亞伯拉罕
（Abraham）的獵場看守人對他的無形薰陶。亞伯拉罕是一個
大字不識的粗人，巴克斯頓經常跟他在一起騎馬、遊玩，二人
私交甚篤。這位既不能讀書也不能寫字的亞伯拉罕天賦極高，
而且很有正義感。「他為人極為正直，很講原則。他從不做任
何一件我母親認為不善或不對的事情，也從不說及。他總是把
一切正義、美好和純潔的東西灌輸給我，他本人也就是一個充
滿這種思想的人。他的榮譽感很強，對自己的一言一行從不苟
且。他教人樂善好施，雖然自己也是身無分文，卻樂於接濟別
人。這種人真是只能在古羅馬哲學家塞內卡（Seneca）和羅馬大

---

21 韋斯特（Benjamin West，西元 1738 ～ 1820 年），英格蘭裔美國畫家，以
　繪製歷史畫和美國獨立戰爭場景知名。曾擔任英國皇家藝術研究院第二任
　院長。
22 福韋爾‧巴克斯頓（Fowell Buxton，西元 1786 ～ 1845 年），英國政治家、
　社會改革家和廢奴主義者。

作家西塞羅的著作中才能找到。亞伯拉罕是我最初的老師，也是我最好的老師。」

　　蘭代爾[23] 在回憶母親時曾說過：「如果把整個世界放在天平的一頭，而我母親在另一頭的話，這極大的天平會立即傾向我母親這頭。世界渺小是因為我母親太偉大！」希默爾彭寧克夫人[24] 在晚年曾無限感慨的說起她母親對她的深刻影響：每當母親進入房子時，她那種莊嚴、祥和的感染力會立即改善談話的氛圍，她的每一句話乃至每一個語調讓在座的每一個人都有一種心靈純淨、渾身舒爽之感，每一個人的所思所想都得以自由的傾吐。「當我母親在身邊時，我幾乎變成了另一個人。」可見，良好的家庭氛圍對於一個人品格的養成是多麼重要啊！

　　孩子們親眼所見的父母的言談舉止，都深深的影響著孩子們的成長。也許父母教育子女的全部內容可以歸納為一句話 —— 改善和提升你自己。

　　人類所採取的每一個行動、所講述的每一句話都會產生相應的影響，這些影響很可能是極其深遠長久的。父母或周圍的人的一舉一動、一言一行也同樣會對孩子產生其相應的影響。而這些影響到底會是什麼，常為人們所忽略。其實這是一個很嚴肅、很重要的問題。

　　每一個人都在社會生活這幅巨型圖畫上畫上了自己或濃或淡的一筆。每個人都不自覺的在某種程度上影響著周圍的其他

---

23 蘭代爾（Lord Langdale，西元 1783～1851 年），英國法律改革家、主事官。
24 希默爾彭寧克夫人（Mary Anne Schimmelpenninck，西元 1778～1856 年），英國作家、廢奴主義者。

第十八章　言傳不如身教

人，人與人之間相互影響著。良言善行必定會長留人間，即使在一時一地我們未曾見到它們所產生的直接結果，但它們的影響仍存乎浩浩人海之中，作為清和之氣存乎天地之間。同樣，一切醜惡的行為和淫穢的詞語也會長期存在並產生其相應的影響。無論什麼人，不管他是多麼偉大還是極其渺小，都不可能認為自己的言談舉止既不產生好的影響也不產生壞的影響。好壞之間沒有調和、折中的餘地。不正即歪，不好即壞。人之肉體終歸消亡，而崇高的精神卻可以不朽。在科布登[25]逝世的時候，迪斯雷利[26]先生在眾議院宣稱：「雖然他已離我們遠去了，但他仍是眾議院的一員，他那與時俱進、全心為民、敢作敢為的精神永存於眾議院！」

在人生中、在這個世界上，確實有某種不朽的精神實體存在。作為個人，任何人都不能單獨存在，任何人都是這個相互依賴、相互連結著的社會系統一個組成部分。正是每個個人的行為促進或減弱了一切壞東西的影響。現在植根於過去，今天植根於昨天，祖先的榜樣和生活無時無刻不在影響我們，而我們每天的生活又在構築下一代人生活的一切。每一代人都是以前無數代人的文化影響和薰陶的結果。水有源、樹有根，人不可能離開祖先的文化而生存和發展。而活著的人的言行、文化又注定了與未來緊密相連。一個人的軀體終會消散，變成滾滾塵埃、縷縷清氣，但他在這個世界上的成就不會消失，他或好

---

25 科布登（Richard Cobden，西元 1804 ～ 1865 年），英國製造商、政治家。
26 迪斯雷利（Benjamin Disraeli, 1st Earl of Beaconsfield，西元 1804 ～ 1881 年），英國保守黨政治家、作家和貴族，曾兩次擔任首相。

或壞的行為必將開花結果，影響來人。每一個人都肩負著極其重要而莊嚴的使命 —— 承繼過去，開闢未來。

巴貝奇[27]先生在他的著作中以其特有的筆鋒深刻的表述了這樣一些思想：「每一顆原子，每一顆極小的微粒，不管它帶來的是好處還是壞處，不論它是遭人排斥還是引人注目，它都包含有自己特殊的動機和意向，聖哲可以從中悟出理性和智慧，因為每一顆原子、每一顆微粒在其內在本質中，都蘊含有聖哲所謂的知識。一顆顆簡單而平凡的原子以無窮無盡的方式與那些微不足道甚至卑劣、低等的東西有系統連結著、相互影響著。空氣本身就是一個龐大的藏書庫，人類所說的一切，哪怕是低聲細語都一一記載在這個書庫中。在這浩瀚無垠的大書庫的每一本書上，都客觀公正、永不磨滅的記載了遙遠的過去和最近的今天所發生的一切。人類無數未了的心願、未踐行的誓言、未能完成的使命，都字字如鐵的記載在這無形的書本之中。像那相互連結、統一運動著的細小微粒不曾消失一樣，人自身的意志、心願也與山岳永在、日月長留。如果說我們須臾不可少的空氣就是一個永遠不變的真正的歷史學家，它真實的記載著我們人類的思想、情感、興趣、愛好，而茫茫大地、浩浩太空和橫流滄海都以其特有的方式，忠實而永久的記載著我們人類的所作所為的話，那麼這種作用與反應的原理、原則，毫無疑問也對應於它們自己。大地有靈，蒼天有眼，人雖大智卻不過是上天所創造的一種物質而已。沒有哪一種運動、哪一

---

27 巴貝奇（Charles Babbage，西元 1791 ～ 1871 年），英國數學家、發明家兼機械工程師。由於提出了差分機與分析機的設計概念，被視為電腦先驅。

第十八章　言傳不如身教

種作用，不管是自然的原因所造成的，還是人為的原因所致，是完全消失了的。……如果全能的上帝真的已把那原本去不掉而清晰可見的罪惡的痕跡消滅殆盡的話，那祂作為全能的主宰祂應當確立其特殊的規則，在這些規則的作用之下，即使十分狡詐的罪犯也總是與所做的一切不可改變的連結著。」每一個單個的原子，無論怎樣切割，它的內在結構依然存在，它依然透過各式各樣的連結與周圍世界緊密相連。作為單個的人，無論把他置於何處，他也總是與周圍世界發生無窮無盡的關聯。外界的不良影響加劇到一定程度，好人就會變壞，就會犯罪。

因此，我們自己所做的每一件事、所說的每一句話，以及我們親眼所見的別人的行為舉止，親耳聽到的他人的言談話語，都不僅會對我們自己產生影響，而且會對周圍的世界產生很大的影響。我們的言談舉止會對我們的孩子、朋友和其他人產生什麼樣的後果，這一點我們自己也許並不能自覺的意識到；但有一點可以肯定的是，這種影響確實存在，並且在持久的產生作用。因此，無論何時何地，無論什麼人，都要嚴於律己、剛正不阿，注意一言一行，這是每一個人都能做到的。無論多麼貧窮、多麼微不足道，你都應該這樣去做。每個人都能長期堅持這樣去做，每個人都要求自己這樣去做，這就是一件相當了不起的事情了。

在這個世界上，平凡的人生活得最實在，平常人的一言一行有時能改變一個偉大的人物。當然，偉大人物之所以偉大，往往在於善於向平凡的人學習。事實上，平凡與偉大的實質區別並不在乎真理，許多貌似「高貴」、「偉大」的人物其實是愚

不可及的，而許多地位卑賤、為人冷落的下里巴人卻富有智慧。智者未必貴，貴者未必聰，乃古今通理。當然，在這個世界上，並不存在卑下的人，他理所當然要把這些簡簡單單卻又價值連城的種種啟示歸諸他人，而自己卻一無所有。美麗的珍珠往往藏在其貌不揚的蚌殼裡，山底下的燈雖不如山頂的燈那麼地位顯赫，但它仍在忠實的閃耀著，照亮自己所能及的範圍。不管在什麼情形下，不管在什麼地方，無論在山村茅屋、田野陋居還是在小鎮陋巷中，不管表面情形看起來何等不幸、何等惡劣，真正的大人物都可能在其中誕生。猛將常生於卒伍，良臣多起於布衣。為了他人，真正的大人物會勤勤懇懇的耕耘。有許多人就是耕耘著遠遠大於自己墳墓的大片土地，他們在忠實的燃燒自己。一個普普通通的廠房完全有可能成為一個研究基地，成為磨礪自己的熔爐，成為砥礪品行的磨刀石，當然也可能成為滋生懶惰、愚昧、墮落的場所。一切都在於自己，在於你能否充分的利用一切機會擇善而從、見惡去之。同樣的環境、同樣的條件，有不同的人，就會產生不同的結果。一個人能否主宰自己，這是他成為什麼人的一個決定性的因素。

一個人如果能正直、誠實、勤勞的度過自己的一生，那麼他就不僅為自己的兒女們，而且為整個世界留下了一份豐厚的遺產。他就是在堅持不懈的追求一種美好的生活，在這種看似平凡的生活中蘊含有極其珍貴的精神財富。這個人的一生就是對美好道德的雄辯說明，對不道德行為的嚴厲申斥，他就為世人上了正義的一課。對於所有過這種生活的人，世人都會由衷

第十八章　言傳不如身教

的感激他們、尊敬他們、追憶他們，因為他們為其兒女和其他人樹立了光輝的榜樣。普遍認為，這些人的生活本身就是對赫維勛爵下面這段話最有力的反駁。赫維[28]說：「我經過深思熟慮後發現，我的父母對我沒有什麼影響，也如他們的兒子從未讓他們掉過一滴眼淚一樣。父母與子女之間會有什麼影響呢？對此，我真是百思不得其解。」

做什麼事情，只停留在嘴上是不夠的，關鍵要落實到行動上。奇瑟姆夫人[29]曾向斯托夫人[30]談及她的成功之道，她說：「我發現，如果我要完成一件事情，我得立刻動手去做，空談無益於事！」奇澤姆夫人的這句話放之四海而皆準。誇誇其談、譁眾取寵而不注重實做的人最令人反感，成功也永遠不會光顧這種華而不實、光說不做的人。如果奇瑟姆夫人僅僅滿足於她動聽的演講，陶醉於她那美好的計畫之中，她自然就永遠也不可能超出言談的範圍，那就只不過是一個空談家而已，人們也就不會相信她所說的一切。但當人們親眼看到奇瑟姆夫人以自己的行動實現了她的計畫時，人們才贊同她的觀點，才樂意援手相助。最大的慈善家並不是那些嘴上說得天花亂墜的人，也不是那些把一切都設想得極其美妙的人，而是那些腳踏實地去做

---

28 赫維（John Hervey, 2nd Baron Hervey，西元 1696 ～ 1743 年），英國廷臣、回憶錄作家，以其《喬治二世宮廷回憶錄》著名。

29 奇瑟姆夫人（Caroline Chisholm，西元 1808 ～ 1877 年），英國人道主義者、社會改革家。

30 斯托夫人（Harriet Elizabeth Beecher Stowe，西元 1811 ～ 1896 年），美國作家、廢奴主義者，最著名的作品《湯姆叔叔的小屋》成為美國南北戰爭的導火線之一。她的一生以寫作為生，發表了多部作品。

的人。

　　那些處在社會最底層的人，只要他對工作充滿熱情，只要他是一個有心人，經過努力，他就必將贏得他想獲得的成功與地位。貧寒的出身、卑賤的地位並不意味著不可改變。重在實做，貴在真想。湯瑪斯・懷特[31]也曾談到過罪犯的改造問題，約翰・龐茲[32]也大聲疾呼過要創辦孤兒學校，但要是他們沒有實際行動，良好的願望自然就只是停留在嘴上、紙上的空洞無用的東西。只有扎扎實實的去做這些事情，而不只是說說而已時，事情才會有起色。這樣，即使那些最無聊的人、那些對社會充滿不滿的人，聽到孤兒學校運動的熱心追隨者所說的約翰・龐茲這位身體力行其生命諾言的樸茨茅斯鞋匠對他的影響時，他們會受到多麼人的震撼和鼓舞啊！

　　「我對這件事情產生興趣純屬偶然。在人的一生中，偶然性有時產生決定性的作用。正如大江大河有時受一些微不足道的因素決定一樣，人的命運常常充滿神奇而不可捉摸的色彩。有時一個瞬間的念頭會決定一個人的一生。這說起來似乎有些神奇，其實這是常見的社會生活現象。我最初對孤兒學校這件事產生興趣就是由於看到一張圖片。那是在一個位於福斯灣海濱的古老、偏僻和破舊的自治市，這裡是湯瑪斯・查默斯[33]

---

31 湯瑪斯・懷特（Thomas Wright，西元 1789 ～ 1875 年），英國慈善家。

32 約翰・龐茲（John Pounds，西元 1766 ～ 1839 年），英國教育家、利他主義者。

33 湯瑪斯・查默斯（Thomas Chalmers，西元 1780 ～ 1847 年），蘇格蘭神學家、政治家、經濟學家。

第十八章　言傳不如身教

先生的故鄉。幾年之前我到那裡去過一次。當我走進一家小客棧，坐下來喝點茶水，並休息一下時，我看到牆上掛著許多圖片。圖片上，一些漂亮的牧羊女孩手中拿著牧羊用的彎柄杖，穿著節日的盛裝，與水手們在一起嬉戲、玩耍。這些情景並未激起我特別的興致。在壁爐架的正上方掛著一幅畫，畫上描繪的是一位修鞋匠的房子。修鞋匠正在忙著工作，厚厚的眼鏡架在鼻梁上，一隻破舊的鞋子正夾在兩膝之間 —— 他正在修補這隻破舊的鞋子。修鞋匠寬寬的前額和厚厚的嘴唇顯示他剛毅過人的性格，濃濃的眉毛下一雙大眼正慈祥的望著他身邊許多衣衫襤褸的小孩。這些不知名的小男孩和小女孩正瞪著好奇的眼睛望著這位慈祥的修鞋匠。不知道是修鞋匠目光的祥和之意感動了我，還是這群衣不蔽體的小男孩和小女孩在召喚著我，我走了過去。只見圖畫的下方寫著幾行文字：約翰・龐茲，樸茨茅斯的一位修鞋匠，他憐愛那些被人拋棄的小孩子，他不忍心看到這些失去父母 —— 他們的父母大都過得很舒服 —— 的無辜生命在街頭流浪。於是，他像牧羊人一樣，把這些孤苦伶仃的孩子收養起來。他拯救了一個又一個無家可歸、四處飄泊的小生命，把他們教養成一個個有益於社會的人。先後被他救助的小孩不少於 500 人。看到這些，我感到十分羞愧，我的心靈被深深的震撼了。這樣一個普通的修鞋匠，憑著自己的愛心，憑著自己頑強的毅力，為了這些被人遺棄的小孩而默默無聞的奉獻著！名利非他所求，自己不求回報。這樣的人真是少之又少。我深為自己感到慚愧，為自己對社會一無所為而深感愧疚。我深深的欽佩這位修鞋匠的成就。在那一瞬間，我的心

靈得以淨化，精神得以昇華。此後，我激動了好幾天，我曾對我的朋友們說：『這位修鞋匠是仁慈的化身，是博愛之父，完全應該在英國為他建立一座最高的紀念碑。』而今我已冷靜和鎮定多了，但我認為我不應該收回這句話。我決心繼續這位修鞋匠的事業。他那『憐愛眾生』的精神一直激勵著我。約翰‧龐茲是一位十分聰明的人。像保羅一樣，如果以其他方式他無法贏得一個窮苦的孩子，他會透過自己獨特的高招去贏得他。人們常常看見他在海港碼頭上追著一位衣不蔽體的小孩，力圖讓這個小孩進他的孤兒學校。他不是像警察那樣以武力服人，而是苦口婆心的講道理，一直到這個小孩跟他來到他的孤兒學校。他知道愛爾蘭人喜愛烤熟的馬鈴薯，他會給另外一個小孩一個熱騰騰的馬鈴薯。人們常常看到修鞋匠穿著破爛不堪的大衣，把香噴噴的馬鈴薯送到衣衫與他一樣破爛的小孩的口裡。後來，修鞋匠的慈愛之心傳遍鄉鄰，他本人從不在乎這些俗人所看重的盛名與讚譽。他眼望著蒼蒼人世間這些無依無靠的小孩，看著他們在淒風苦雨中落葉無依，獨自飄零，他自己不過是以一個修鞋匠之心之能去給他們點滴雨露和一縷陽光而已。他的所為能改變幾十、幾百人的命運，但面對這無是無非、無血無淚的人世，眼睜睜的看著那些幼小的生命被拋出其應在的家園，修鞋匠的心顯得更加蒼老了，他那慈祥的目光不知何時多了一絲淚痕。修鞋匠的名聲因他的事蹟而廣播朝野上下。修鞋匠終於來到了萬能的主的面前，主說：『你為那些最可憐的人鞠躬盡瘁一輩子，你這是替我幫了忙啊！』」

　　榜樣對一個人品格的培養有至關重要的作用。生活在我們

第十八章　言傳不如身教

周圍的其他人的品格、習慣、生活方式和他們對事物的看法都在有意無意的影響我們。有時，我們自己深受其影響而不自覺。好的行為規則對我們的生活無疑具有指導作用，而好的榜樣發揮的作用則更大。榜樣的行動是一種活生生的現身說法的教育，這種教育最豐富、最生動、最富有感染力。榜樣本身就昭示我們應該怎樣去做、不應該怎樣做。一個壞的典型能在頃刻之間摧毀一座美麗的道德宮殿。

環境決定人，生活在什麼樣的環境之中就會產生什麼樣的人。近朱者赤，近墨者黑。對於品格正在形成之中的年輕人來說，慎重擇友就顯得十分重要。年輕人極易吸收、消化他人的思想、愛好，極易模仿別人的行為，與他人產生思想上的共鳴。朋友之中，只要一個染上了壞的習慣，有了不良嗜好，其他人往往仿而效之，許多人就這樣不知不覺的染上惡習，日久天長，竟至無法改掉，這就是交友不慎所致。

埃奇沃思（Edgeworth）先生堅定的認為，年輕的朋友們在一起，極易形成一致意見，因為每一個人都易被對方所同化。經常相聚的人，連講話的腔調都十分相似。我們看一個人只須看他有些什麼樣的朋友就行了。物以類聚，人以群分。選擇一個好的朋友可能會成就自己的一生，選擇一個壞的夥伴，足以把自己毀掉。埃奇沃思的座右銘是：擇其善者而從之，擇其不善者而去之。

科林伍德勛爵[34] 寫信給年輕朋友說：「年輕的朋友們，你們

---

34 科林伍德勛爵（Cuthbert Collingwood, 1st Baron Collingwood，西元 1748 ～ 1810 年），英國著名將領。

一定要記住這一格言：寧可獨自一人，沒有朋友，也千萬不要與庸俗卑劣的人為伍。你的朋友最好是品格高尚、具有崇高精神的人。他們應該與你一樣。當然，他若比你更好，那是求之不得的朋友。」有許多人，與益友相處時，他們會變好；反之，與壞人為友時，他們自己也會變壞。在一定的條件下，外因會產生決定性作用，儘管這種決定性作用是透過內因來發生作用的。如彼得‧萊利爵士[35]所說，人的眼睛是心靈的窗戶，淫穢的東西能亂人心，看了之後總想模仿，有了此念，很有可能就會去行動。有時就是這樣一個念頭促使人走到邪路上去。因此，我總是控制自己，眼不觀邪物、淫畫，也盡我所能去幫助每一位年輕的朋友。

　　年輕人應該有遠大的抱負，有志同道合、追求上進的朋友，對朋友的要求高也就是對自己的要求高。歷來多少英雄豪傑視擇友為大事。擇德高行潔者為友，則己行必潔、德必高；擇卑劣小人為友，則不過三日，自己亦成小人矣。法蘭西斯‧霍納[36]平生喜歡與一些德行高潔、才學過人的人交朋友，在與這些朋友的高談闊論中他獲益匪淺。他曾感慨的說：「我敢斷言，我從我的朋友們那裡學到的為人處世的學問、所得到的知識財富，遠比我從書本上尋章摘句得到的多。一位正直而富有才學的朋友就是一座聖潔的圖書館，只要你是他志同道合的朋友，你就隨時可以從中獲取教誨。」

---

35 彼得‧萊利爵士（Sir Peter Lely，西元 1618 ～ 1680 年），荷蘭裔英國畫家。
36 法蘭西斯‧霍納（Francis Horner，西元 1778 ～ 1817 年），蘇格蘭律師、政治家、記者、經濟學家。

第十八章　言傳不如身教

謝爾本勛爵[37]（後來的蘭斯多恩侯爵）年輕時對令人尊敬的馬勒澤布[38]先生的拜訪，讓他留下了難以磨滅的印象，他寫道：「我曾走遍天下，拜訪四方名人，但沒有任何人給予我震撼感。及至我有幸拜見了馬勒澤布先生之時，我的心陡然一顫。他像一位世外高人，在無聲之中淨化著我的靈魂，給人一種萬物皆無所欲、飄飄欲仙之感。他是位至高、至潔、至聖之人，具有非凡的感化人心的力量，這種力量絕非平常人所能有。」

福韋爾·巴克斯頓常常談到格利家族對他性格、品格形成的重大影響。他過去常常說：「他們一家改變了我的一生。」在談及他在都柏林大學的成功時他說道：「我可以把我的成功歸結為一句話，即格利一家給我的潛移默化的重大影響使我不斷追求上進。」

正如在鮮花盛開的花叢中走過後，身上必然留下陣陣芳香一樣，與德行高潔的朋友們久處，自己的言談舉止也會高潔起來。入芝蘭之室，久而其身必香；入鮑魚之肆，久而其身必臭。

---

37 謝爾本勛爵（William Petty Fitzmaurice, 1st Marquess of Lansdowne，西元 1737 ～ 1805 年），以第二代謝爾本伯爵的稱號更為人所知。英國首相，輝格黨領袖。

38 馬勒澤布（Guillaume-Chrétien de Lamoignon de Malesherbes，西元 1721 ～ 1794 年），法國舊制度時期的政治家和大臣，後來又成為了路易十六受審時的辯護律師。身為皇家總審查官時，他又對百科全書的出版發揮了重要的作用。儘管他忠於君主制，但他的作品為法國啟蒙運動時期自由主義的發展做出了極大的貢獻。

凡是熟悉約翰‧史特靈[39]的人都發自內心的說，在與史特靈的互動中，史特靈給予他們種種有益的影響。許多人由衷的說道：「正是在史特靈先生的感悟和影響之下，我們才迷途知返，終成正果。」還有許多人說：「正是史特靈先生使我們明白我們是什麼，我們應該做些什麼。」特倫奇（Trench）先生在談及史特靈先生時曾說過：「凡是與史特靈先生互動過的人，沒有不被他那崇高的品德所感動的。你只要與他生活在一起，你的靈魂就會得到淨化，你的精神就會變得崇高。每當我離開他時，我總感到我超脫了許多塵世中無謂的煩惱，一種崇高的精神激勵我奮發向上。」

　　崇高的品德、高尚的情操總會給予人鼓舞、心靈的震撼。正如日月精華之氣滋生萬物一樣，崇高的精神滋潤著人的心靈。與史特靈先生在一起，我們的精神在無形中得到昇華，恍如得道成仙一般。久而久之，我們也能像他那樣來待人接物、為人處世。這正是心與心之間的相互作用，人的精神與精神之間相互作用啊。人作為萬物之靈長，精神的需求更是一種內在的本質要求，高尚的精神需求是一種內在的本質要求，高尚的精神是一盞指路明燈，它的光芒直射人心、長駐人間。

　　藝術家與藝術家的交流，彼此之間能產生一種強大的精神感染力，精神昇華到一個更高的境界，從而得以相互促進。奧

---

39 約翰‧史特靈（John William Sterling，西元 1844 ～ 1918 年），美國慈善家，耶魯大學的重要捐助人。

第十八章　言傳不如身教

地利著名作曲家海頓[40]的天才火花是英國著名作曲家韓德爾[41]激發起來的。聽到韓德爾演奏時，海頓的創作靈感一下子迸發出來。海頓說，要是沒有這種影響，他絕不能創作出《創世紀》（Creation）這首曲子。在談及韓德爾時，海頓還說過：「他演奏的曲子如驚雷滾滾，金戈鐵馬之聲不絕於耳。你哪裡只是在體會他的曲子，你的血液都隨著他揮動的手臂在奔流。」近代歌劇之父、義大利作曲家史卡拉第[42]是韓德爾的另外一個狂熱的崇拜者。他跟隨韓德爾走遍了整個義大利。在談及對韓德爾的崇拜和景仰之情時，他總是在胸前畫十字架表示他像崇拜上帝一樣的崇拜韓德爾。真正的藝術大家總是誠心相待而不是相互嫉妒的。貝多芬對義大利大作曲家凱魯畢尼（Cherubini）欽慕得五體投地，他對奧地利著名作曲家舒伯特（Schubert）的天才更是讚不絕口：「舒伯特的身上燃燒著一團天才之火。」諾斯科特（Northcote）年輕時十分崇拜雷諾茲（Reynolds）。有一次，這位舉世聞名的大畫家在德文郡參加一個公開會議，諾斯科特不顧一切的撥開人群，一直衝到雷諾茲面前，幾乎可以貼著他的衣角。諾斯科特激動的說：「我對您的天才由衷的感到

---

40 海頓（Franz Joseph Haydn，西元 1732 ～ 1809 年），奧地利作曲家。海頓是繼巴哈之後又一位偉大的器樂作曲家，是古典主義音樂的傑出代表。被譽稱交響曲之父和絃樂四重奏之父。

41 韓德爾（Georg Friedrich Händel，西元 1685 ～ 1759 年），英國巴洛克音樂作曲家，創作作品類型有歌劇、神劇、頌歌及管風琴協奏曲，著名作品為《彌賽亞》。

42 史卡拉第（Giuseppe Domenico Scarlatti，西元 1685 ～ 1757 年），義大利那不勒斯王國作曲家、羽管鍵琴演奏家。他被認為是一位巴洛克作曲家，但其音樂風格已受到了古典主義音樂發展的影響。

佩服。」這是一位年輕人對天才情不自禁的佩服之情。同聲相應，同氣相求。天才的火花、靈感和熱情往往在互相砥礪中閃現出來。

　　勇敢的榜樣往往能給予懦弱的人極大的鼓舞，英雄的舉動常常震撼人們的心靈，使懦弱者挺立起來，不顧一切的衝向前方。在英雄的感召之下，無數普通人爆發了火山一樣的威力，創造了一個又一個驚世駭俗的奇蹟。有時只要憶及英雄的光輝成就就能使人熱血沸騰、精神振奮，不管什麼障礙都能克服。英雄的鼓舞力量就像號角一樣催人奮進。

　　波希米亞英雄傑式卡 [43] 把自己的皮遺留給後人，製成戰鼓，以鼓舞波希米亞人的勇氣。當伊庇魯斯王子斯坎德培 [44] 去世後，土耳其人很想擁有他心臟邊的骨頭，想以此獲得他生前在戰場上左衝右突、所向披靡所展示出的勇氣，增添無限的力量。當英勇無畏的道格拉斯護送布魯斯的心臟去聖地時，看到撒拉遜人重重包圍並漸漸逼近他的一位武士，毅然從脖子上把裝著英雄遺物的銀盒子取下來，把它丟向敵人最密集的地方。他一邊高呼著「英雄的布魯斯，道格拉斯一定像你一樣英勇不

---

43 傑式卡（Ziska，西元 1360 ～ 1424 年），波希米亞民族英雄，胡斯戰爭中起義軍統帥，激進的塔博爾派領袖。

44 斯坎德培（Scanderbeg, prince of Epirus，西元 1405 ～ 1468 年），阿爾巴尼亞民族英雄，畢生以反抗鄂圖曼土耳其而聞名。他年輕時被迫加入蘇丹的禁衛軍，但西元 1443 年（38 歲）回鄉揭起反土大旗後，在之後的 25 年（西元 1443 ～ 1468 年）中，多次以一萬阿爾巴尼亞軍擊敗人數三倍以上的土耳其軍（且土軍的裝備與後勤優良太多）。他的軍事才華是鄂圖曼帝國西擴的主要障礙，讓許多西歐人視他為基督徒抵抗穆斯林的無上典範。

第十八章　言傳不如身教

屈」，一邊衝向重重敵軍，在布魯斯的聖物旁，他大義凜然的犧牲了。

　　傳記的主要作用，就是記載了許多品德高尚的光輝典範。我們偉大的先輩們透過他們的生活紀錄，仍然生活在我們中間；他們的行為舉止，仍然清晰可見；他們為我們樹立的好榜樣，仍然值得我們讚賞、學習和仿效。事實上，任何在其身後留下了光輝生活紀錄的人，都已為子孫後代留下了經久不息的寶貴精神財富，作為人們學習和仿效的模範在未來不斷發揮作用，為人們的生活注入新的活力，幫助人們開創全新的生活，以其他形式展現其品格。因此，一本記載了這樣一個真實的人的生活的書，就是一個精神財富寶庫。用英國詩人米爾頓[45]的話來說：「它是一個偉大靈魂寶貴的命根子，使超越生命的生活目的不被遺忘，受到珍視。」這樣一本書永遠具有催人奮進、使人崇高的影響。但最重要的是，世界上有這樣的書，它記載樹立在我們面前、塑造我們生活的最崇高的榜樣 —— 是最適合我們心靈的需要的必需品，是我們只能仿效和感受的榜樣。

　　「像沒有見過太陽的幼苗和藤蔓一樣，它們夢想著太陽，猜想著它的所在。於是，它們拚命的生長、攀爬，盡力去接近它。」

　　凡是讀過阿諾德（Arnold）和巴克斯頓的傳記的年輕人，

---

45 米爾頓（John Milton，西元 1608 ～ 1674 年），英國詩人，思想家。英格蘭共和國時期曾出任公務員。因其史詩《失樂園》和反對書報審查制的《論出版自由》而聞名於後世。

沒有不為之感動的。讀這樣的書是一種崇高的精神享受，它使人的精神提高到了一種更高的境界，也使人的意志更加堅定了。透過了解他們的所作所為，我們自己明白了人是什麼，人應該追求什麼，我們的自信心大大增強，人生的追求目標也就會更加高尚，對希望的憧憬就會更強烈。這樣一來，我們的心靈就不會空虛，崇高的精神就會與崇高的事業相統一，我們的身和心就會沉浸在美好的事業和崇高的精神之中。有時，年輕人會在傳記作品中發現自己的影子。當柯勒喬（Correggio）凝思安傑利科（Angelico）的作品時，他真正感到這似乎是在思考自己的作品，自己的經歷與安傑利科的經歷也有驚人的相似之處。在這一瞬間，他感到他的靈感被激發，他的創造能力得到了提高。他不禁失聲叫道：「我也是一個畫家！」羅米利（Romilly）在他的自傳中坦率的承認，他深受法國那位德行高尚的大法官德‧阿格索[46]的影響。他說：「我得到了湯瑪斯的作品，懷著虔誠的心情讀完了他的《德‧阿格索的故事》。作為一個傑出的地方法官所走過的輝煌道路，他在平凡職位上所做的不平凡的事業深深的打動了我。我的熱情一下子燃燒起來，我的抱負陡然包圍了我的心，新的光榮之路閃現在我的腦海中。」

富蘭克林（Benjamin Franklin）習慣於把他的成就和名譽歸功於早期讀了科頓‧馬瑟[47]的《為善散文集》（*Essays to Do*

---

46 德‧阿格索（d'Aguesseau，西元 1668～1751 年），法國政治家、法國司法大臣，被伏爾泰稱為「法國有史以來最有知識的法官」。

47 科頓‧馬瑟（Cotton Mather，西元 1663～1728 年），美洲新英格蘭地區的一位清教徒牧師、多產作家、小冊子作家與意見領袖。

Good）—— 這本書來自科頓自己的生活。由此可見，一個好的榜樣能影響多少人。榜樣就是一顆顆火星，一旦把它們撒播到人間，這些星星之火就會形成燎原之勢。塞繆爾·德魯[48]斷言，他是在讀了班傑明·富蘭克林的動人傳記之後，才勾勒出他自己的人生，尤其是商業習慣的。因此，我們不能說一個好榜樣自身的力量在某一點上已經消失，不能說榜樣的力量僅僅囿於書本。上溯上百年、上千年乃至上萬年，那些開天闢地、勤奮創業的先人，那些扶貧濟困、架橋修路、樂善好施、德行高潔的先人，他們作為榜樣的力量又何曾消失呢？我們作為後人，優勢就在於能夠繼承古人的優秀品德，發揚他們的崇高精神，不斷的開闢未來。我們應該讀最好的書，效法最好的榜樣，不斷的完善自己。杜德利勳爵（Lord Guilford Dudley）曾說過：「在文學上，我總是只與我認為很不錯的老朋友來往，我的朋友是經過長期選擇的。和我的朋友們在一起，我變得越來越崇高，創作的願望也越來越強烈。我總能從朋友那裡得到益處，十之八九都是這樣。朋友們不在的時候，我把以前讀過的書溫習一遍、幾遍，這樣所得的收穫遠比讀一本新書來得快、來得多。」

　　有時候一本書記載了一個高貴的人生典範，隨手翻一翻，也會喚醒潛藏在我們身上的活力和靈感。阿爾菲耶里[49]就是因

---

48 塞繆爾·德魯（Samuel J. Drew，西元 1863 ～ 1926 年），美國政治家、企業家。

49 阿爾菲耶里（conte Vittorio Alfieri，西元 1749 ～ 1803 年），義大利劇作家和詩人。他被譽為「義大利悲劇的奠基人」。

為讀了普魯塔克[50]的《希臘羅馬名人傳》(*Plutarch's Lives*)而對文學產生濃厚興趣的。羅耀拉[51]在當兵時，有一次在巴比倫拿遭到敵人的圍攻，他的腿部受了傷，只得臥床休息。這時他想找一本書來轉移一下注意力。有人替他帶來了一本《聖徒生活記》(*Lives of the Saints*)。羅耀拉貪婪的讀著這本書，書中的內容點燃了他的心靈之火。此後，他決心獻身於建立宗教秩序。與羅耀拉一樣，路德 (Luther) 也是在讀了《約翰‧赫斯的一生及其作品》(*Life and Writings of John Huss*) 一書之後，才開始萌發創建新宗教的信念。沃爾夫 (Wolf) 博士則是在讀了《法蘭西斯‧方濟各的一生》(*Life of Francis Xavier*) 這本書之後，開始投身於傳教事業的。方濟各火一般的熱情和忠誠的事業心極大的震撼了沃爾夫這顆年輕的心，促使他投身於傳教事業之中。威廉‧克理[52]也是在讀了《庫克船長航海記》(*The Voyages of Captain Cook*) 這本書後，才萌發了當一個傳教士的念頭。

霍納 (Horner) 總是把那些對他產生重大影響的書籍記錄在自己的日記或信件中。這些書包括孔多塞[53]的《阿萊頌》

---

50 普魯塔克 (Plutarchus，約西元 46 ～ 125 年)，羅馬時代的希臘作家。

51 羅耀拉 (Loyola，西元 1491 ～ 1556 年)，西班牙人，耶穌會創始人，羅馬公教聖人之一。

52 威廉‧克理 (William Carey，西元 1761 ～ 1834 年)，英國宣教士和浸信會牧師，被譽為「近代宣教士之父」。他是英國浸信會差會的創辦人之一。在印度塞蘭坡 (Serampore) 宣教期間，他將聖經翻譯成包括孟加拉語、印地語和梵語在內的多種語言。

53 孔多塞 (Condorcet，西元 1743 ～ 1794 年)，法國啟蒙運動時期最傑出的代表之一，同時也是一位數學家和哲學家。1782 年當選法蘭西科學院

第十八章 言傳不如身教

（Eloge of Haller）、約書亞‧雷諾茲爵士 [54] 的《演講錄》（*Discourses*）和培根（Bacon）的《伯內特論馬休‧黑爾爵士》（*Burnet's Account of Sir Matthew Hale*）。讀這些書 —— 它們都記載了一個個生動感人的創造奇蹟的故事 —— 總是使霍納熱情滿懷。在說到孔多塞所著的《阿萊頌》一書時，霍納說：「每次讀這本書，書中的故事都總是讓我感動。我被一種激動的心情包圍著。對於他們所做的事業充滿無限的傾慕和嚮往。」在談到約書亞‧雷諾茲爵士所著的《演講錄》一書時，霍納說：「這本書告訴我，什麼叫勤勞，什麼叫收穫。」「關於培根的書，」霍納說道，「沒有任何一本書能像培根的書那樣催人修身養性，他真是上帝派到人間來讓我們明白成功是如何獲得的、偉大是怎樣造就的天才人物之一。他使人相信，勞動是一切人間奇蹟的創造者，天才不是上天恩賜的聖物，而是辛勤汗水的結晶。這本書雄辯而又自然的講述了一個個極其動人心魄的故事。沒有任何一本書像這本書這樣令人激動、給人鼓舞。」

值得注意的是，雷諾茲本人也把自己鑽研藝術的熱情的產生歸功於讀了理察森（Jonathan Richardson）描述一位大畫家的書。同樣，海頓也是在讀了《雷諾茲的一生》一書後才從事同一個追求的。薪火相傳，代代不息。勇敢而激動人心的故事，就是星星之火，它們一旦被具有相同才華、同樣熱情和同樣

院士。

54 約書亞‧雷諾茲爵士（Sir Joshua Reynolds，西元 1723 ～ 1792 年），英國著名畫家，皇家學會及皇家文藝學會成員，皇家藝術學院創始人之一及第一任院長。

追求的人拾到，就能在他身上燃起熊熊大火，成功與希望就在這小小的星星之火中蘊藏著。能得此星星之火者，鮮有不成功者。正是這些榜樣鼓勵著一代又一代的人，才使星星之火得以代代相傳。前面的人影響和鼓勵後來的人，後來人又以自己的行為和成績鼓舞和激勵下一代人，這樣新老交替而精神不滅、事業不絕。

對年輕人來說，最富有感染力、最富有價值的榜樣莫過於那些能促使年輕人愉快的工作的榜樣。愉悅的精神狀態能極大的促使人去從事自己喜愛的工作。一個人只要愉快的勞動，在碰到困難時就不會灰心喪氣。愉快的勞動心情永遠和希望、成功緊密結合在一起。激情、熱情是人強烈追求自己的目標的一種本質力量，激情與熱情是愉快勞動的好朋友。在允滿活力、充滿熱情的勞動中，辛苦會化成快樂，困難會變成動力，沮喪會變成信心。而且，一個富有熱情、富有激情的人，能感染周圍的許多人，帶動他們像他一樣去工作、去創造。愉快勞動這種精神能使困難低頭，使挫折和失敗讓路，使普通人變得高貴。滿腔熱情去工作的人，他們自然心靈手巧、效率更高。

休謨（David Hume）說，與其心情憂鬱的成為萬貫家財的主人，不如擁有愉快的心情、享受生活的陽光。格蘭維爾·夏普[55] 在為奴隸們的利益進行不屈不撓的爭鬥的同時，也不忘記在他弟弟的家庭音樂晚會上，不時吹奏長笛、單簧管和雙簧管，藉以娛樂、放鬆自己。在星期六晚上的清唱劇晚會上，

---

55 格蘭維爾·夏普（Granville Sharp，西元 1736 ～ 1813 年），英國學者，廢奴主義者。

第十八章　言傳不如身教

當韓德爾演奏時，夏普則在一旁敲銅鼓，他還偶爾從事漫畫創作。福韋爾‧巴克斯頓也是個十分愉快的人，他對田園風光特別感興趣，常常和孩子們騎車在鄉間溜達，家裡的各種娛樂活動也總是少不了他。

阿諾德博士是另一個思想高尚、令人愉快的人，他全身心的投入教育和培養年輕一代的偉大事業之中。他的傳記作者說過這樣一段話：「拉萊漢姆的圈子裡，一個最顯著的特點就是這裡瀰漫著一種歡快的氣氛。任何新來乍到的人都能深深的感受到這一點。任何新來的朋友只要一來到這裡就能感覺到，這裡在從事一項偉大而又誠摯的工作。每一個學生都感到自己有一份工作要做，而他的義務、幸福就與他這份工作緊緊連結在一起。一股難以描述的熱情與同學們的生活息息相關。當同學們發現自己是一個能擔大任、有益民眾的人時，當他們認知到自己將來能為民眾謀幸福時，一股股暖流就襲遍全身。同學們在這種充滿熱情的生活中追求知識、追求自己的理想。阿諾德教會他的學生如何珍愛生命、珍惜自己，如何認清自己的使命。阿諾德總是生活在他的學生之中，想他們所想，思他們所思，他的心與每一個學生的心都連在一起。他們一起探討人生、追尋知識。他離不開自己用心血哺育出來的學生，他的學生對他也懷著深深的敬意和濃濃的依戀。他把自己對學生的愛、對知識和真理的追求都深深的埋在心底，他為了自己的信念、理想不顧一切，勇往直前。在他身上，我們只看到一顆火熱的心，一顆永不停止跳動的心。無論是對社會還是對個人成長的關照，只要是有意義的，阿諾德就認為是他分內之事，他

就有義務盡心盡力去做。他從不偏愛一行而厭惡另一行，事無大小，只要有益於社會，他都身體力行，以此為樂。把自己的生命融入這永無止境的為他人、為社會盡力的事業之中，是他的精神寄託。他謙恭不倨，淵博不俗，心誠不浮。面對事業的召喚，他鞠躬盡瘁，雖九死亦不後悔。天必厚賞這種為他人忘我的人。阿諾德先生盡心磨礪自己，其志愈潔，其行愈高，其名百世不絕，其才亦愈精於至善。面對蒼茫大地，他不問沉浮，只問耕耘。」嚴父必出孝子，嚴師定有高徒。阿諾德不是嚴師，他是一位仁慈的長者，他如春風化雨，澤潤英才。他以自己的畢生心血培養了一代又一代有益於社會、有益於民眾的人。其中有勇敢的哈德遜（Hudson）。多年以後，哈德遜從印度寫信給家人，談及他這位可敬可佩的恩師時說：「阿諾德先生對我產生的影響是如此的刻骨銘心，如此的源遠流長，以致今天遠在印度，我仍時時感受到他的教育、關懷和啟迪。人云，人一輩子得一尊師足矣。如此說來，此生我願足矣。」

　　一個心地善良、充滿朝氣而又勤勞苦幹的人，能極大的影響左鄰右舍，影響他的扈從，帶動他周圍的許多人。當然，他獲得的成就也會鼓舞他周圍的人。約翰·辛克萊爵士[56]正是這方面的典型。格雷瓜爾神父[57]稱約翰是「歐洲最不屈不撓的人」。他家是一個有大片田產的大地主，龐大的家業就在約翰·格勞特（John Graunt）家附近。這裡是一片廣袤無垠的荒涼地

---

56 約翰·辛克萊爵士（Sir John Sinclair，西元 1754～1835 年），英國政治家、作家。

57 格雷瓜爾神父（Abbe Gregoire，西元 1750～1831 年），法國傳教士。

第十八章　言傳不如身教

區，與北海緊緊相依，除了海水的咆哮聲外，似乎聽不到文明吹響的號角。在辛克萊 16 歲那年，他父親去世了。管理家產、經營家業的重擔落到了他的肩上。在他 18 歲那年，他開始在凱斯內斯進行大規模、強有力的改造運動，最終該改造運動被擴展到整個蘇格蘭。那時，農業還處在極為落後的狀況，廣大的田地還沒有被圈起來，農夫也不知道如何灌溉、開墾土地。凱斯內斯的農夫生活十分貧困，他們連一匹馬都養不起。大量艱苦的勞動主要由婦女承擔，家庭的重擔也由婦女們承擔。如果一個小農弄丟了地主家的一匹馬，那他就得跟一個女人結婚成家。這是極普通的現象，也是對他弄丟一匹馬的最便宜的懲罰。當時村裡連一條像樣的路都沒有，更不用說有什麼橋了。那些買賣牲口的商人要到南邊去，只得和他們的牲口一起游過河。一條高聳入雲、布滿岩石的羊腸小徑爬在海拔數百英尺高的山上，這就是通向凱斯內斯的主要道路，要進出這裡十分費力。當地人講，凱斯內斯的路通天，有翅的鳥兒難飛過，農夫半世光陰都在路上忙。辛克萊見到這些情況，心裡很不是滋味，他決心在本切爾特山上修一條新路出來。老地主們聚在一起，嘲笑這位年輕人要在這怪石嶙峋的高山上修路是異想天開，不知天高地厚。但辛克萊心意已決。他召集了大約 2,000名勞工，在夏日的清晨，他就和勞工們一起出發。他認真、負責的監管大夥的勞動，自己以實際行動鼓舞大家。經過艱苦的勞動，一條以前充滿危險、連馬都走不過去的 6 英里長羊腸小徑，終於變成了車子都能過的大路，這在那些老地主們看來，真是不可思議的事。其實，這並非什麼不可思議的事情。許多

看來難於上青天的事情，主要是缺乏一個有正義感、有感召力的領頭人，因而無法做成。辛克萊當時年紀輕輕，並沒有什麼魔力，他只不過是急人之所急、想人之所想，振臂一呼，自然應者如雲。他身先士卒，大夥又怎麼會不賣命呢？人心齊，泰山移。因此，2,000 多個工人用自己的雙手把一條羊腸小徑建成了一條通天大道。辛克萊然後著手修建更多的路，建起了廠房，修起了橋梁，把荒地圈起來加以改良、耕種。他還引進了改良的耕作技術，實行輪作制，鼓勵開辦實業。在他力所能及的範圍內，他大大加速了現存社會結構的改善，向農民注入了許多全新的觀念。凱斯內斯原本是蘇格蘭北部一個極為偏僻落後的地方，那裡連人都很難進去，有人把它叫作「天涯海角之地」。而今，在辛克萊的影響和改造之下，這個地方的道路交通、農業、水產業都天下聞名了。這個小村成了名聞天下的模範村。在辛克萊年輕的時候，郵件由送信的人一週送一次。這位年輕的從男爵宣稱，在他看到四輪大馬車每天到瑟索地區送郵一次以前，他絕不甘休。周圍的人們對這位從男爵的話嗤之以鼻，誰也不信。當時有不少人嘲笑道：「啊，有一天辛克萊會看到四輪大馬車每天都來我們這裡送郵！」但辛克萊的預言並未因別人的嘲笑而隨風飄去。在他有生之年，四輪馬車每日去瑟索送郵已成為事實。

　　辛克萊先生的影響日漸增大，他為民眾所做的事情也越來越大。他發現英國長期以來穩定出口的大宗商品 —— 羊毛的品質已日益退化。他雖然只是一個鄉間的小小紳士，但他決心改變這種狀況。為此，他透過種種努力，終於創立了英國羊毛

第十八章　言傳不如身教

學會。同時，他還十分注重實踐。他自己花錢從各個地區進口了 800 隻羊，著名的切維厄特羊種也輸入了蘇格蘭地區。南部的牧羊人都譏笑辛克萊的這一舉動，認為南方的羊不可能在北方生長、繁殖。但辛克萊不為所動，僅僅過去了幾年，就有不少於 30 萬隻切維厄特羊散布在北方各鄉村。土地的載畜率大大提高。蘇格蘭的土地原本一文不值，這下身價猛漲，收回的租金十分可觀。

辛克萊先生在英國議會待了 30 年，從不錯過一次會議，他的地位使他能更好的發揮他自己的作用，他也從來不放過任何發揮作用的機會。皮特（William Pitt the Younger）先生注意到辛克萊在為民眾謀福利方面的非凡才華和不屈不撓的勇氣，對此十分佩服，於是他派人把辛克萊請到了唐寧街，並爽快的答應給他提供一切可能的幫助。也許有人會認為辛克萊是為自己的名聲和地位，但辛克萊明確表示，他只從內心對皮特先生為幫他創辦國家農業學會所做的努力表示衷心的感謝，此外再無其他。亞瑟·楊格（Arthur Young）認為辛克萊創辦國家農業學會只不過是水中撈月的事，他與這位從男爵打賭發誓。他說：「你的國家農業學會只會在月球上存在。」辛克萊十分果敢的開始行動，他不斷喚起大眾對這個計畫的重視，獲得了大多數有遠見的議員的贊同，國家農業學會終於得以成立了。辛克萊先生被任命為該學會會長，該會所產生的重大作用就不用說了。僅僅該會對農業和畜牧業的激勵作用就很快遍及大不列顛聯合王國。成千上萬畝荒瘠的土地一夜之間變成了產金出銀的良田和牧場，整個農村一下子呈現出前所未有的欣欣向榮景

象。同時，辛克萊又致力於創辦水產業，瑟索和威克這兩處著名的水產業基地的創立無疑也應歸功於辛克萊先生的努力。他為此曾呼籲多年，四處爭取支持，最後他又成功了。一個海港被圈起來從事水產養殖，這也是世界上最大和最繁華的漁港。

約翰·辛克萊先生把自己的全部精力都投入公益事業之中，他不甘於安逸享樂的生活，而致力於開創性的事業。他總是揚起希望的風帆，開拓新的航道。在法國入侵迫在眉睫、民族和國家受到威脅之時，他又挺身而出。他向皮特先生提出，用他自己的家產組建一支軍隊。他言必信，行必果。他立即回到北方，組織了一支 600 人的軍隊，後來這支軍隊增加到 1,000人。這支軍隊深受辛克萊先生崇高的愛國主義精神的鼓舞，被公認為最優秀的一支志願軍。辛克萊除了在亞伯丁擔任這支軍隊的統帥之外，還兼任蘇格蘭銀行董事長、英國羊毛學會主席、英國漁業學會總裁、國家財政署貨幣發行部專員、凱斯內斯地區議會議員和國家農業學會會長等職。在繁忙的公務之餘，他還積極從事寫作。他著述等身，足以使他留名青史。

有一次，美國大使拉什（Rush）來到英國訪問，他問考克（Cock）大臣，在英國農業方面，誰做的工作最好，考克先生回答說，是辛克萊先生；後來，他又問英國財政大臣范西塔特（Vansittart）先生，英國金融方面最大的成就出於何人之手？這位財務大臣當即說，是約翰·辛克萊爵士，是他的《公共稅務史》（*History of the Public Revenue*）。但他堅持不懈的勤奮工作的偉大豐碑，是一部可與其他任何人的著作比肩的作品，多達21 卷的《蘇格蘭統計帳目》（*Statistical Account of Scotland*）。

第十八章　言傳不如身教

這部巨著耗費了他 8 年的辛勤勞動，他先後收到和處理的相關信件達 2 萬餘封。這部著作具有永恆的科學價值和史料價值。它出版問世後，立即引起很大轟動。但對辛克萊爵士來說，這不過是盡其愛國之心而已，他早已把名利置之度外。

面對漸起的聲譽，他非常坦然。他明白，一個人最大的快樂就是能為他人做點什麼，多做了點什麼也是應該的，沒有什麼值得驕傲。相反，應該在這個基礎上更進一步，直至生命終結。辛克萊爵士把該著作的全部利潤分配給了蘇格蘭牧師後裔學會。《蘇格蘭統計帳目》一書出版之後，引起了極大的社會改革。許多壓迫性的封建特權被廢除了；許多教區教師和牧師的薪水得到了提高；蘇格蘭地區的農業也得到了很大的促進。辛克萊爵士看到這本書對社會的促進作用如此之大，十分高興。於是，他公開宣稱要花費更多的精力，收集資料，整理出版《英國帳目統計》一書。但不幸的是，坎特伯里大主教（Arch-bishop of Canterbury）擔心這會干擾教會什一稅的收取，因而不予批准，辛克萊的這一計畫只好流產了。

約翰·辛克萊爵士精力過人，辦事十分果斷。在一些重大事件面前，他臨危不懼，當斷即斷。西元 1793 年，英國著名的製造業中心曼徹斯特和格拉斯哥由於戰爭的影響，經濟一直十分蕭條，許多企業破產，銀行倒閉，無數的房屋搖搖欲墜，人民的生活十分艱難，形勢十分危急，若不快點想辦法，後果不堪設想。辛克萊爵士在國會中反覆督促議員們授權財政署立即向該地區投放 500 萬英鎊的貸款。這個建議被採納後，他又建議由他與他提名的一些人協同執行這個計畫，這一建議也被批

准。這兩個決議在深夜通過後，第二天一大早，辛克萊就心急火燎的來到銀行，以自己的名義做擔保，一次性提取了 700 萬英鎊，並於當晚分發給那些急需援助的商人。辛克萊知道政府部門與銀行的拖沓作風，他不親自督陣，事情就會被拖延，時間久了，就會產生很多麻煩。他以迅雷不及掩耳之勢完成了這一複雜任務。後來，皮特在眾議院召見了約翰·辛克萊爵士，告訴他說，曼徹斯特和格拉斯哥所需的鉅額援助實在無法如期籌措到手。「相關款項透過今晚的郵政將全數離開倫敦。」辛克萊爵士不無高興的回答道。後來，在敘述這件事時，辛克萊爵士高興的補充道：「皮特先生聽了我這句話，像被刺一般，半晌沒有說出話來。」

這位好人一直為了大眾的利益愉快的工作著。他為自己的家人和國家樹立了一個好榜樣。他全身心的執著於公共事業，孜孜不倦的追求自己的目標。他所追求的不是一人或一家的財富，相反，由於始終站在勞苦大眾的一邊，他根本無心去顧及自己的家業。他得到了為他人謀利益所換來的快樂和自我滿足。他以此為宗旨，幾十年風雨不變，從為別人創造他所能創造的幸福和快樂中求得自己上不愧於蒼天、下無愧於大地。

約翰·辛克萊爵士也是一位治家教子的能手。他對子女的要求極為嚴格，但不封建。他主張子女們到社會上去闖蕩，去謀求自己的發展。望子成龍，此乃天下父母所共有之心。辛克萊爵士望子成龍之心十分迫切，但他從不壓抑孩子們的個性與愛好，而是盡一位父親的責任。就像為一棵棵幼苗提供足夠的陽光和水分一樣，他對孩子們追求學業和事業，總是鼎力相

助。使他高興的是，他的兒女們都成了有益於社會的人。在年屆 80 歲高齡時，他樂呵呵的看到他的 7 個兒子都已長大成人，沒有一個孩子學壞樣、做壞事，沒有一個孩子讓他失望。每一個人都想看到自己的後代成為有益於社會的人，辛克萊先生也有此心願，他終於如願以償。

第十九章
品德修養

第十九章　品德修養

　　首先，我要說說面對一些有違道德標準的現象時教師們的常見態度。凡事不可誇大其詞，但是教師對不誠實之類的行為似乎傾向於言過其實，目的是要站在道德制高點。處理學生的抄襲、作弊問題時，教師的誇張做法更不明智。教師一廂情願的認為違紀者一定會受到其他同學的鄙視，那是自欺欺人。我不希望教師屈尊接受學生對不當行為的辯解理由，簡單的把他們的過失定義為違反紀律。但是老師也不能走極端，要記住換位思考的原則，試著從孩子的角度認知那些過錯，並努力分析學生的動機。如果教師的解釋超過了當事學生的基本認知水準，那就應該在學生的可接受範圍內做工作。我們很容易解釋其中的道理。英國人更加信守諾言。經常故意說謊、不守信的孩子進入社會後不可能輕易改掉毛病。教師要引導他們了解到總是投機取巧的人容易使意志受到削弱，喪失主動性。孩子們可以理解領會老師的意見。如果學生有不誠實守信的舉動，老師動不動就說，「我知道你一定在說實話，可以相信你沒有騙人。在此前提之下，你也必須誠實待人，不辜負我的信任。」學生不會覺得老師是在誇大其詞，而是很有道理，也不會認為那是職業性的套話。我們可以對一些學生提出較為嚴格的要求，但要有的放矢，能真正觸及問題的實質，而不能讓犯錯的學生不受懲戒。要向學生強調失信和欺詐行為在任何情況下都是違犯紀律的。如果學生有更充分的理由不聽從老師的話，那麼教師有必要找到背後真正的動機。我遇到的大多數學生無論如何都會努力比較哪一種動機更好。

　　現在必須說說教師光環背後的令人不安的心態，他們會先

入為主的認為無德惡行可能在他的學生當中普遍存在，並為此憂心忡忡。

　　一些教師最初盡量迴避問題，這樣就沒有了擔心和糾結。可是一旦發現任何犯規違紀的現象，他們又會果斷採取嚴厲的措施應對。我認為這種做法既不明智，也不公平。公學的孩子正處於少年向成人過渡的關鍵年齡，他們一定會遇到各種誘惑。人類的正常本能和衝動開始在孩子的心中萌動，可是他們不能完全掌握道德的指控能力。一部分孩子天性單純可愛，能夠歷經歲月考驗不會變質。有的孩子的本性正常，如果後天成長的社會環境是潔淨的，他們也會保持原來的純真；少數孩子並非天生頑劣、故意走歪路，他們的基因裡可能缺乏自制力，但是繼承了放縱自我的偏好。這種孩子把頑劣表現得無所顧忌，只有對懲罰的畏懼才能使他們良心發現。教師必須認知到大多數孩子不願意自甘墮落，也很樂意有人能拯救他們；所以教師的責任就是盡其所能伸出援手。

　　按照學生們的道德標準，壞事一定不能讓老師知道，所以老師很可能是最後知曉惡行的人，這是最糟糕的情況。我必須事先提醒大家，鼓勵學生向老師告密的打算是完全不現實的。它對教師的形象和師生關係都是致命的傷害。

　　現實生活中還有一種變態的應對措施。一些教師確實關心學生的品德修養，一致認定或者表面上認為所有學生必須承受各種不良誘惑的考驗。我的觀點是大多數孩子從來沒有機會接觸外界的邪惡誘惑。他們從某一所私立學校升入公學，在學校裡總有人提醒他們什麼是不道德的，哪些是不許做的。可是我

第十九章　品德修養

認為人們對醜惡現象習以為常之後不僅不會使惡行減少，反而使其增多。學生們每時每刻聽到的都是警告，從任何角度來看，這種過分細膩周全的做法肯定是不對的。

必要的時候，教師要創造機會與家長針對品德問題進行廣泛交流。教師向家長探聽具體資訊是不可取的，但是可以藉機徵求意見，要求家長把想法如實相告，比如學校裡是否存在不如意的地方。有的學生，尤其是好學生，容易誇大事實，僅憑道聽塗說就認為別人都是壞孩子，所以教師必須謹慎對待家長的所有意見。家長們常說孩子的品行很可靠，因為他們沒有做壞事的動機。反思自己的從教經歷，我曾認定很多喜歡做壞事的孩子（我現在知道他們完全擺脫了惡習）的根據就是聽信了某人的一面之詞。

孩子入學後，教師應努力查明他們是否受到過不良的影響。比較容易的切入點是詢問學生與什麼人交往，教師也因此容易發現學生是否領會了問話的用意。如果有理由懷疑學生沒有給出足夠的資訊，教師還要努力發現他們是否接觸過不良現象，並為他們打消因講實話受責罰的疑慮。

教師要進一步和學生在善惡標準的理解上達成一致，直言自己的立場和態度：與別的方面相比，老師更看重的一點就是品德，他的班裡容不下任何有劣跡的學生。教師應該提醒學生他將時不時的了解情況是否正常，同時明確互信是正常互動的基礎，更不能探聽或議論其他學生的情況。

我們無法保證學生在這種要求下會有怎樣的表現，但是我基本相信這種認知確實幫助很多孩子更加注意品德修養，而且

能和大多數同學站在一邊，畢竟他們都嚮往純真和善良。

我們要鄭重警告學生遠離罪惡的嚴重後果——但不能用誇張口氣，也不能為了增加說服力而脫離實際——同時更要嚴肅的講明行為檢點和心地純潔替人帶來的好處和幸福。

學生之間談論道德話題時一定會涉及到不當言行，所以我努力讓學生在言行上循規蹈矩。很多學生如果認定沒有人會受到懲罰，他們會向老師坦白自己的確說過壞話。唯一可行的對策是毫無保留的堅持原則。教師不僅不要打聽有誰說過那樣的話，而且要刻意申明老師不想透過旁證評判學生品德的好壞。有時候我們有必要明辨是非，但是我從來沒有做出那種評判，也從未背叛學生對我的信任。如果透過其他途徑掌握了自己學生做壞事的證據，那麼正常的調查過程當然要馬上進行。

男孩子都是十分健忘的傢伙，所以不能讓他們輕易忘掉校園生活早期的事情。對於低年級學生，尤其是容易受外界誘惑影響的和交友不慎的孩子，我會在一個學期安排幾次談心，以便了解他們是否誤入歧途；盡可能嚴肅的重申要求，希望建立良好的班級風氣——老師的重視程度遠遠超過任何其他方面。

這種對策不可能完全成功，其效果也不可能得到精確驗證，但是我有理由相信它有助於保持良好的生活作風，減少惡習的形成。

一旦建立了良好風氣，那就是令人自豪的一件事。人們應當盡力維護那份自豪感。如果教師能真誠的告訴學生，自己所在的班級因為風氣好而出名，那麼很多學生都願意努力保持那份榮耀，他們的向善之心沒有絲毫矯揉造作的成分。但是另一

方面，沒有教師對此有十足的把握。沒有廉恥、心地邪惡的孩子可以對團體榮譽造成重大破壞，但是他們能憑藉其機靈的頭腦躲過老師的懷疑，所以放鬆警惕的老師很可能受到愚弄。

隨著年齡的增長，學生的獨立性不斷提高，教師不必經常當面詢問，但是我認為還要偶爾提醒高年級學生注意品德修養，讓他們知道老師對品德的重視程度並沒有降低。

我根本不相信面向全體學生講話能產生滿意的效果，無論是團體布道還是訓話，都不可能切中要害，更不能顧及細微之處。品德教育應該透過個別交談和私下交流，而且要根據對象的個性認真調整策略。

團體說教的效果就像用一個大桶同時向幾個小罐子裡倒水一樣難以掌握，我們應該把小罐逐個放到桶裡才能盛滿，同時不會灑濺出來。

我們要堅持這樣一種德育理念：教師無權讓純潔質樸的心態一直受到違背理想的侮辱、詆毀和傷害，也不能用強烈的鄙視和嫌惡進行報復；教師要感到痛心疾首，因為邪惡的誘惑力過於強大，而孩子的抵抗力又太弱，他們正處於人生的關鍵階段，非常真誠、無助的希望得到指引，藉以擺脫邪惡力量。教師要為沒有給予力所能及的幫助而感到難過。

任何對邪惡的容忍和寬恕，或者給孩子自我補救的機會，都是錯誤的想法。我對此想不出更好的表達方式。男孩子天性好奇，如果有一名學生犯了錯，而且別人都知情，一旦打消了顧慮，他就有可能舊病復發，再入歧途。教師應格外小心，做好提前的預防，盡量避免這種一時的過錯損害孩子的未來成

長。實際上，他日後本不應該受到如此嚴厲的懲罰。我們很容易對罪惡行徑產生忿忿不平的心態。而所謂的惡行並不是真正的道德敗壞，而是沒有惡意的屈從，而且帶來不幸的後果。學生當中幾乎都存在這種與生俱來的荒唐的固定思維：他們對有損榮譽的惡行沒有一點寬容，但對違背道德的罪惡也毫不在乎。如果教師能夠想方設法改變學生中的這種不正常的道德標準，努力培養他們對醜惡現象的義憤之情，我們就能戰勝邪惡。

喜歡危言聳聽的人會誤導人們相信英國公學裡充斥著種種惡習，所有學生必須經歷殘酷的考驗。我本人曾經在一所規模很大的私立學校工作了兩年，那時的校園氛圍肯定比現在的糟糕，但未曾耳聞任何有悖道德的情況。在公學任教的七年間，也從未接觸到任何邪惡誘惑。但是我不否認聽說過，而且同時代的很多人也都經歷過學校裡的一些不堪的粗俗作風。實際上，我有充足的理由相信現在公學裡的情況要比二十年前好多了。每個人都願意根據個人經驗進行判斷，而我的經驗是校園裡的不良現象並不普遍，有問題的只是少數。當然，如果男孩子自甘墮落，那麼物以類聚，人以群分，他們總能找到機會走歪路；可是心地純潔、品行端正的學生不應該在人生道路上陷入嚴重的困境之中。

五十年前，據說校園中恃強凌弱的現象是很常見的。實際上現在學校裡已經沒有了。對同學的某種戲弄當然存在，然而另類的孩子即使不受欺負，也會受到同伴的作弄，但是危害性並不大，我們不必大驚小怪，過度敏感。

第十九章　品德修養

　　在強勢、明智的校長的帶領之下，我所提到的校園惡行已經從一所公學裡徹底絕跡了。我滿懷信心的期盼著在不久的將來，反常的罪惡將難覓蹤跡。人們寄託了全部的希望，而且我也勇於堅持希望。

第二十章
自律

第二十章　自律

　　自我克制被認為是品格的精髓，其實，它只不過是勇氣的另外一種表現形式而已。莎士比亞（William Shakespeare）正是基於人類品格中的這一自我克制的美德，而將人類界定為「瞻前顧後的動物」。因此，人類與純粹動物的根本區別，就是人類能自我克制。事實上，人類若是不能進行自我控制，那就永遠也不會有真正的人。

　　自我克制是人類一切美德的根本。倘若一個人的行動任由衝動和熱情支配的話，那麼，從那一刻起，他將失去了完整的道德自由，便會隨波逐流，成為一味的追趕時代潮流、一味的追求強烈欲望的奴隸。

　　人類正因為擁有了道德約束，才能抵制本能的衝動。人類之所以能抵制本能的衝動，僅僅是因為人類具有了良好的自控能力。正是人類的這種自控能力，才真正區分了物質生活和精神生活，也才構成了品格的主要基礎。

　　一個人的品格往往由習慣決定，而且由於每個人意志力的強弱不同，習慣既能成為天使，引導人們走向成功之路，也能成為惡魔，導致人們滑向萬惡深淵。我們在生活中發現，很多良好的習慣都能經過系統的、認真的、嚴格的訓練而養成。無數生活經驗證明，即使是街上的流氓、無賴和邋遢骯髒、整日面朝黃土背朝天的鄉下年輕人，只要給予他們嚴格的訓練，他們也可以不容置疑的成為勇敢、堅強和富於自我犧牲精神的人。還比如在戰場上，甚至在航海時非常危急的關頭，諸如「沙拉‧桑茲」號起火或「伯克哈德」號遭到嚴重損壞時，那些訓練有素的人，往往能臨危不亂，向世人展示其真正的勇敢和

英雄的特質。

　　我們說習慣的訓練在一個人的品格形成過程中發揮著至關重要的作用，但也不能說道德的訓練在品格的形成過程中就無足輕重，因為沒有道德約束，也就不可能有正常的生活秩序。一般來說，正常的生活秩序往往取決於自尊意識的培育，取決於服從習慣的教育，取決於責任意識的增強。道德訓練有素的人，他們的道德品格也會越高尚，他們的自力更生和自控能力也就越出色，他們遵紀守法的意識也就越強。一個人要想成為一個真正對社會有益的人，他必須自我克制欲望，必須服從道德律令和良心，否則，他就會成為愛好的奴隸，成為情感衝動的犧牲品。

　　真正的英雄品格，只有注入了忍耐和自我控制的元素，才臻於完美。偉大的漢普登[58]就具有這種最傑出的忍耐和自我控制的特質，他的這些高尚的品格甚至獲得了政敵的認同。克拉倫敦[59]曾是漢普登的政敵，然而他說：「漢普登是一個很少發怒和極其能克制的人，他生性樂觀開朗，而且總是溫文爾雅、彬彬有禮。因為他內心深處洋溢著對所有人的愛，因此他與別人談話時總是和聲細語，使人如沐春風。他善於言談，但絕不是

---

58 漢普登（John Hampden，西元 1594 ～ 1643 年），英國政治家、作家。

59 克拉倫敦（Edward Hyde, 1st Earl of Clarendon，西元 1609 ～ 1674 年），英國歷史學家、政治家。他是瑪麗二世和安妮女王的外祖父。他虔誠的信仰英國國教，是查理一世和查理二世時期的元老重臣。英國內戰爆發後他成為保王黨重臣，在查理二世流亡與回國復辟時，他以首席顧問的身分盡心輔佐，並在西元 1660 ～ 1667 年成為英國的宰相兼大法官，主持英國政務；他也是《英國叛亂和內戰史》的作者。

第二十章 自律

一個只會誇誇其談的人，並且因其具有無可挑剔的品格，所以他說的每一句話都特別有分量。」與克拉倫敦一樣，菲臘・華威[60] 也與漢普登政見相左，然而瓦立克也說：「我毫不誇張的說，沒有一個人的魅力能與漢普登先生相提並論。在議會中，漢普登具有非常能自我克制的特質，他總是能極好的控制自己的熱情和情感，因此，他比任何人都具有人格魅力。如果不是漢普登的幾句極具洞察力而又特別溫和的話語，平息了我們之間的非理智的爭辯，或許我們現在毫無意義的爭辯，至少會持續到第二天天明，也或許我們會死命的抓住對方的頭髮，然後彼此用利劍刺透對方的心臟。」

　　強硬的性情並非就是壞的特質，因為一個人的性情越強硬，就越需要他能自律和自我控制。詹森博士[61] 就曾說：「隨著一個人的年齡和閱歷的增長，他會越來越成熟，經驗也會越來越豐富，然而，他的能力特質卻取決於自己寬容性格的廣度和深度。」有時候，人們會因為犯了錯誤而一步步滑向墮落，然而，與其說是人們的錯誤使自己墮落，不如說是人們對待錯誤的態度導致自己墮落。因為，明智的人總能從痛苦中總結經驗和教訓，以便避免將來再犯類似的錯誤。然而，對某些人而

---

60 菲臘・華威（Sir Philip Warwick，西元 1609～1683 年），英國政治家、作家。伊頓公學畢業生。

61 詹森博士（Samuel Johnson，西元 1709～1784 年），常稱為詹森博士（Dr. Johnson），英國歷史上最有名的文人之一，集文評家、詩人、散文家、傳記家於一身。前半生名聲不顯，直到他花了九年時間獨力編出的《詹森字典》（A Dictionary of the English Language），為他贏得了聲譽及「博士」的頭銜，博斯韋爾（Boswell）後來為他寫的傳記《詹森傳》記錄了他後半生的言行，使他成為家喻戶曉的人物。

言，如果他們沒有改正錯誤的勇氣和決心，或者在認知錯誤的態度上出現偏差，那麼，他們的經歷不但不能使得他們走向成熟，反而會使得他們的心胸變得越來越狹窄、越來越自私，他們也會越來越痛苦，從而走向墮落的深淵。

在年輕的一代人身上，有些所謂的強硬性格，經常表現為許多不成熟的熱情，如果引導得當，他們的熱情將會傾注在一些有益的工作上。史蒂芬·吉拉德（Stephen Girard）在美國獲得了輝煌的成就，他說：「我一旦聽說公司裡有脾氣大的員工，就會立刻提拔他，並為他單獨調撥一間辦公室，讓他獨自辦公。我為什麼要這樣做？因為我覺得這些脾氣大的員工，其實是最好的員工，只要想辦法避免他們與其他人爭吵，那麼，他們的熱情便會全部傾注在工作上。」然而，性情強硬的人，很有可能僅僅源自一份容易激動的熱情，如果他們對這種熱情不加控制，就會形同毒液一陣接一陣的強有力的噴發，最終傷害他們自己；如果他們能自己控制這份熱情，這份難得的特質就會為他們所用，造福人類。這就好比蒸汽抑制在蒸汽機內一樣，如果不加以控制運用，它們便無所用處；倘若能用閥門和控制桿調整和控制使用，就能成為一種有益的能量資源。因此，歷史上的一些最偉大人物，往往都是一些性格堅強的人，並能將他們的動力置於嚴格的管理和自我克制之下。

聲名赫赫的斯特拉福德伯爵[62]，不但是一個滿懷熱情的人，而且也是一位動輒發怒的人，為了控制自己暴躁的脾氣，

---

62 斯特拉福德伯爵（Thomas Wentworth, 1st Earl of Strafford，西元 1593 ～ 1641 年），英國政治家、英國內戰的著名將領。

第二十章　自律

他一直在努力和自己作爭鬥。斯特拉福德有一位年長的朋友國務大臣庫克[63]，經常極其誠懇的向斯特拉福德提建議，並指出他的不足之處，並提醒他不要沉溺在脾氣暴躁之中而不能自拔。為此，斯特拉福德深有體會的對庫克說：「您替我上了一堂非常好的忍耐課，誠然，像我這樣的年紀和天性，太容易發怒了。但是我相信，隨著人生閱歷的增加，我將會慢慢改變我自己的脾氣，並且，只要我能及時的檢點自己，我也相信自己能完全克服這種脾氣暴躁的惡習。在此期間，我的這種急躁脾氣還能為人們所諒解，因為我的熱情是為了榮譽、正義和利益，而並非總是在無端的生氣和憤怒。其實，這種熱情卻被我濫用了，而濫用熱情是應該受到譴責的惡習，正是這種濫用熱情才導致了情緒常常失控，有時甚至會氾濫成災，危害自己，影響他人。」

年輕時的克倫威爾[64]是一個性格倔強、容易憤怒、極不溫馴且濫發脾氣的人，不但如此，他還富有青春活力，只不過這種青春活力沒有得到良好的自控，從而催化了他的惡習，使得他釀造出了許多惡作劇。在當地的鎮上，人們都知道他是一個喜歡惹是生非的人，便疏遠和冷落他，他自己卻不反省和加以節制，反而快速的滑向墮落。然而，就在此時，喀爾文派《基督教》鐵的紀律抑制了他的倔強性格，並且為他的青春活力和

---

63 庫克（Sir Edward Coke，西元 1552 ～ 1634 年），英國政治家、國務大臣。

64 克倫威爾（Oliver Cromwell，西元 1599 ～ 1658 年），英國政治人物、國會議員、獨裁者，在英國內戰中擊敗了保王黨，西元 1649 年斬殺了查理一世後，克倫威爾廢除英格蘭的君主制，並征服蘇格蘭、愛爾蘭，在西元 1653 至 1658 年期間出任英格蘭 - 蘇格蘭 - 愛爾蘭聯邦之護國公。

蓬勃熱情指明了一個嶄新的方向，使得他得以將其洶湧澎湃的青春熱情投入到公共生活中去，並最終使他在短短二十年時間之內成為英國最有影響力的人物。

　　拿索王朝[65]的巨擘們都極富自我克制的特質。威廉[66]因為能極度自我控制，才被人們認為是沉默的人，然而，他並非一個沉默寡言的人。威廉是一位雄辯的演說家，他在辯論時常常能口若懸河、妙語連珠、舌燦蓮花，輕鬆制服對手。然而，他在不宜說話的時候，往往能管好自己的嘴巴，緘口不言，並且有時在國家的自由出現危險的時候，他能小心謹慎的將自己的意見封存心裡，輕易不與人言。不但如此，他總是能控制自己，以溫和文雅與息事寧人的一面對人，因此有不少政敵大放厥詞說他卑怯、膽小，但是，只要時機到來，他便表現得非常神勇，他的決心將不可戰勝。因此，荷蘭歷史研究專家莫特利[67]

---

65 拿索王朝（House of Nassau），奧蘭治 - 拿索王朝，本屬於兩個家族。奧蘭治 - 拿索家族是自中世紀起一直延續至今的荷蘭王族。它的開山鼻祖就是被荷蘭人民尊稱為「國父」的威廉一世，拿索伯爵，奧蘭治親王（西元1533 ～ 1584 年）。他和他的子孫正是歷史上尼德蘭連省共和國以及現今的荷蘭王國的締造者。

66 威廉，即威廉一世，奧蘭治親王（Willem I，也稱沉默者威廉，西元1533 ～ 1584 年）。奧蘭治的威廉是尼德蘭革命中反抗西班牙哈布斯堡王朝統治的主要領導者、八十年戰爭領導人之一。曾任荷蘭共和國第一任執政。威廉是一位偉大的政治家，具有卓越的組織才能、機智和耐心，但他不是一個偉大的將軍，幾乎每戰必敗，根本是個平庸的將軍。但他堅忍不拔的在每次失敗後又捲土重來，最終使獨立事業在他死後獲得成功。在荷蘭，人們通常稱其為「國父」。荷蘭國歌《威廉頌》所詠唱的就是威廉，因為他的人格魅力，使他成為獨立與自由的理念象徵。

67 莫特利（John Lothrop Motley，西元 1814 ～ 1877 年），美國作家、歷史

第二十章　自律

在評價威廉時曾說：「大洋裡的岩石，在波濤洶湧的大海裡卻穩如泰山，這句格言也常常被威廉的朋友用來象徵他的堅定不移。」

　　與沉默的威廉一樣，華盛頓（Washington）也因其莊嚴、勇敢、清白和優秀的人格，在歷史上久負盛名。即使在最困難和最危險的時刻，華盛頓對自我情感的克制能力遠遠超乎常人的想像。華盛頓的自我控制的能力，以致使得不了解他的人都產生了神話般的遐想，他們認為華盛頓天生就是一個心平氣和、鎮定自若的人。然而，華盛頓天生卻是一個急性子，他之所以能做到待人溫和、文雅、禮貌，以及處處為人著想的表現，是因為他在後天的努力中不斷的克制自己，不斷的控制自己，不斷的自嚴自律，久而久之，便養成了這種優秀的特質。在傑瑞德・斯帕克斯 [68] 所著《華盛頓傳》中，這位傳記作家寫道：「在華盛頓還是一個孩子的時候，他便開始自我控制和自律特質的訓練。他總是熱烈奔放，而且極富熱情，在他所經歷的許多充滿誘惑和激動人心的時刻，正是他堅持不懈的自我控制，使他最終控制了誘惑、克制了激動。有的時候，他的熱情會特別強烈，以至於會情不自禁的在心裡爆發出來，但是他卻能在瞬間內克制這種強烈的熱情。他自我控制的性格特徵，是他最為優秀的品格之一。然而，即使他的這種品格也是經過後

學家、外交官。因研究荷蘭歷史而著稱。代表作：《荷蘭的崛起》、《荷蘭》等。

68 傑瑞德・斯帕克斯（Jared Sparks，西元 1789 ～ 1866 年），美國歷史學家、教育家和一神論主義者。他於西元 1849 至 1853 年擔任哈佛學院（現為哈佛大學）的校長。

天的鍛鍊培養出來的，但是我可以毫不誇張的說，他的這種品性也與他與生俱來的天性有關，因此他才能擁有其他人所不具備的人格魅力。」

布萊蒙特（Blaymont）在其所著的《威靈頓傳》一書中寫道：「威靈頓公爵（Duke of Wellington）也像拿破崙一樣，脾氣暴躁，極易發怒，但是他能自我控制和節制，因此他才慢慢的摒除了發脾氣的壞習慣。特別是到了危險時刻，威靈頓像任何印度首領一樣，表現得鎮靜沉著、頭腦冷靜、處變不驚。甚至滑鐵盧戰役打響後，在戰爭出現極為關鍵的時刻，他卻沒有一絲一毫的激動情緒，而是心平氣和的發布命令，並且語調甚至能做到比以往更為柔和。」

詩人華茲渥斯（Wordsworth）在孩提時代時就是一個冥頑倔強、喜怒無常和脾氣暴躁的人，不但如此，他還對懲罰滿不在乎，依就堅持自我、我行我素，絲毫沒有悔改的意願。然而，一旦他經過生活的錘鍊後，脾氣秉性便發生了變化，他學會了運用自我控制的能力。與此同時，他在孩提時代曾表現出的那些傑出品格，諸如勇敢、堅強等，在他以後的歲月裡，使得他對敵人的攻擊能坦然漠視。正因為如此，華茲渥斯在其一生當中，養成了自尊、自主、自覺和自制的良好品格，被世人所愛戴和尊敬。

另一個典型的例子，便是馬太‧亨利（Matthew Henry）教士。馬太教士在他還是個孩子時，就不能容忍一些事情，他總是易怒、任性。後來，他認知到自己不成熟的情緒是個錯誤後，便自覺自發的與自己剛愎自用、固執己見的壞習慣長年累

第二十章　自律

月、堅持不懈的作爭鬥，他也因此逐漸克服了自己暴躁衝動的脾氣，並最終養成了忍耐的好品格。

當一個人地位低微，難免會人微言輕，但是，如果他擁有了一種快樂的性情，那麼，他的心靈也會變得偉大、積極、高貴和崇高。廷德爾（Tindle）教授曾為法拉第（Faraday）畫了一幅特別精緻的畫，從畫中我們能一睹法拉第的性格特徵。究竟是一幅怎樣精緻的畫，能讓一些素未與法拉第謀面的人也能了解他的性格呢？廷德爾為了將法拉第的性格特徵畫在紙上，特別選擇了法拉第在科學事業上自我克制、辛勤耕耘的品格作為模型，恰到好處的描繪在畫紙上。在廷德爾的畫筆中，法拉第表現得性格倔強、脾氣古怪甚至有點暴躁敏感，但也不乏溫和與熱情。大作完成後，廷德爾在其《發現者法拉第》一書中寫道：「法拉第有如火山般熾烈的熱情，總是容易激動和脾氣暴躁，但其高度自律的能力，竟然將火一般的熱情化為一束束『光芒』，成了他奮鬥不止的不竭動力，以至於沒有使自己火熱的熱情白白的浪費掉。」

在法拉第所有性格當中，有一種特別值得人稱道的特質，就是他能高度的進行自我克制。正因為他能堅決抵制一切誘惑，從而全身心的投入到分析化學的事業當中，很快便獲得了驕人的成就。廷德爾深深的了解法拉第，他說：「縱觀法拉第的一生，這位鐵匠的兒子、裝訂工的學徒，曾拒絕了十五萬英鎊的鉅額財產，而選擇了他所熱愛的科學事業。直到他去世時仍舊一貧如洗，但是他卻義無反顧的追求科學之路。他拋棄了一切物質享受，摒棄了一切私欲，因此，他的名字才能在四十

年裡，一直名列在英國科學名人錄的榜首。」

　　還有一個極度能自我克制的法國人，那就是歷史學家安格爾（Ingres）。他雖然極端貧困，僅靠麵包和牛奶聊以為生，一天的花費還不到三便士，但是卻拒絕屈服於拿破崙政權。他的朋友實在看不下去了，便勸誡他說：「如果你病倒了，你將需要政府的救濟金救助。你怎麼不像其他人那樣呢？你得向皇帝獻殷勤，你必須仰仗他才能生活。否則，你只有餓死！」「那我寧願現在就去見上帝！」安格爾擲地有聲的說。直到最後，安格爾也並沒有死於貧困，到了他九十四歲病入膏肓時，他對朋友說：「我雖然行將就木，油盡燈枯，但我仍然充滿著活力。我並沒有屈膝於政府，但我活得非常踏實和自由，活得非常灑脫和知足。」

　　在生活中，我們要時刻檢視自己的言行，只有這樣才能獲得幸福的生活。正所謂「良言一句三冬暖，惡語傷人六月寒」。在日常生活中，有些惡毒的話語會傷害一個人的心，它們往往比攻擊一個人的身體還要讓人感到畏懼。惡語本身不是匕首，但惡語對一個人的傷害卻要比匕首更為可怕。有一則法國諺語說明了惡語的威力，那就是「惡語的傷害比刺刀的傷害更為可怕」。有時，那些溜到嘴邊的刺人的反駁，一旦我們說出來，可能會使對方窘迫不已。但是，溜到嘴邊的這些刺耳的話，非常容易脫口而出，這就需要我們養成自我克制的良好習慣。布雷默（Bremer）夫人在其《家》一書中說：「老天爺禁止我們說那些使人傷心痛肺的話，它們甚至比鋒利的刀劍更傷人心；它們就像一顆毒瘤一樣存留在人們身上，影響人們一輩子。」

第二十章　自律

　　那些傑出的人物在說話方面總是能做到自我克制。聰明和懂得自我克制的人，總是避免心直口快、直言無忌，他們絕不以傷人感情為代價而逞一時的口舌之快；然而那些不甚明智的人，說話時總是口無遮攔，張口就來，從來不顧及別人的感受，也從來不管不問出口後的影響。因而，這些輕薄言談的人，常常會失去朋友，為自己惹來不必要的麻煩。所羅門（Solomon）曾說：「明智之人的嘴，在於他們的心靈；愚昧之人的心靈，卻在他們的嘴上。」

　　有的人因為缺乏自我克制和節制的耐心，他們說話時往往就會很輕率。有的人思維敏捷，容易衝動，他們往往話鋒尖銳，容易被各種歡呼、喝彩聲所迷惑，因而容易大放厥詞，以致為自己帶來無窮的後患和傷害。甚至有一些被提名的政客，因為不能抵制誘惑，常常以損害政敵為代價而惡語相向。邊沁[69]說：「一句話的措辭，往往決定許多友誼的命運，有時也決定許多國家的命運。」因此，一個人不該試圖寫一些含沙射影的尖銳批評的文章來過過嘴癮，抒發胸中的悶氣。最為理智和明智的做法就是，千萬不要邁出這一步，即使產生了這樣的想法，也要將它扼殺在搖籃裡。正如西班牙的格言所說：「一枝鵝毛筆，往往比獅子的爪子還要鋒利。」

　　據說，從長遠的觀點來看，整個世界都在圍繞或支持那些明智的人，因為他們知道該在何時或該怎樣保持沉默。在談到

---

69 邊沁（Jeremy Bentham，西元 1748 ～ 1832 年），英國哲學家、法學家和社會改革家。他是最早支持功利主義和動物權利的人之一。代表作：《政府論片斷》、《論道德與立法的原則》、《經濟科學的哲學》、《論一般法律》等。

克倫威爾時，卡萊爾說：「雖然克倫威爾有著天才的能力，但是他卻藏不住祕密，因此，他也就不可能做成任何重大的事情。」「沉默」的威廉，在他最主要的政敵眼中是這樣一個人：他的嘴巴裡絕不會迸出一句自高自大、輕率魯莽的話。與威廉一樣，華盛頓在措辭上也極為慎重，即使在爭辯異常白熱化的辯論中，華盛頓也絕不會惡毒攻擊別人或尋求短暫的勝利。

　　一些富有經驗的人，經常為他們所說過的一些話而後悔不已，但是，他們卻從不因為自己沒有藏好舌頭或者沒有保持沉默而感到後悔。正如畢達哥拉斯所說：「或者沉默，或者說得恰到好處。」喬治·赫伯特（George Herbert）也說：「或者恰當的說，或者明智的沉默。」曾被利·亨特（Leigh Hunt）稱為「紳士聖人」的聖法蘭西斯（Saint Francis）也說：「保持沉默要比疾言厲色的說出真相要明智得多，否則，這些疾言厲色的話就如同不好的調味品，敗壞了一道精美的菜餚。」一位法國人在演講時，總是先說兩句，然後保持沉默。正因為這樣，他的演講往往能給予人極大的鼓舞。有人對此十分不解，便向他請教其中的奧祕。他這樣解釋道：「在演說以後，最能讓聽眾產生力量的方式，就是保持沉默。」但是，在談話或演講當中，有時哪怕是一個恰如其分的詞，也能在適當的時候產生強大的力量。正如威爾斯的一句諺語所說：「黃金般的舌頭長在有福之人的口中。」這位有福之人，無非是在最恰當的時機、最恰當的場合，對恰當的對象說出了最恰當的話，因而才產生了無窮無盡的力量。

第二十一章
奉獻精神

第二十一章　奉獻精神

　　寫作此書的目的就是想說明學校教師應有獻身工作的意識。因為教師的工作決定著很多人的幸福生活，所以這種自我奉獻不是指情感角度，也不能停留在口頭上，而是一種全心全意投身教育事業的精神。教師不能因此在別人面前大肆炫耀。我聽說一位教師在假期攀登過馬特峰[70]，他的同事機智的道破此人一貫的高姿態，他登山的原因就是因為非常喜歡名山大川。遺憾的是有的人做事總要找出冠冕堂皇的動機和理由，他們給人一種道貌岸然的印象，反而自損形象。英國人的性格不是這樣的。當然，有一些聲名顯赫、自視甚高的教師絕對是正人君子。阿諾德博士就是這種品行高貴、端莊正派的人，可是我時常覺得他缺少幽默感，這和他的為人格格不入，成為不利於工作的一種障礙。不容否認的是阿諾德博士的人格魅力和嚴謹的君子之風為英國的學校教育帶來的革命性影響。如果換作平庸之輩或者為人低調的旁人，很難推動教育界的這場革命。《阿諾德的一生》[71]是很有啟發性的一本書，字裡行間透射出主角的魄力、善良和質樸。與現實生活中的形象相比，書中的描述更能令人肅然起敬，而且我認為他的影響力雖然能使人儘早成熟，但是未必是一件好事。英國歷史學家喬治·泰瑞維廉爵士[72]寫過一本詼諧的《競爭派》（*The Competition Wallah*），書中

---

70 馬特峰（Matterhorn），阿爾卑斯山最美麗的山峰，也是瑞士引以為傲的象徵，吸引了無數登山者，是阿爾卑斯山脈中最後一個被征服的主要山峰。

71 《阿諾德的一生》（*Life of Dr. Arnold*），英國作家亞瑟·史丹利（Arthur Penrhyn Stanley）的代表作。

72 喬治·泰瑞維廉爵士（Sir George Trevelyan，西元 1838 ～ 1928 年），英國歷史學家、政治家、作家。

提到過那種影響力，如果年輕的公務員投身其門下，很可能受其左右。與之相媲美的是阿諾德所在的大學裡有一名年級長，他在入學的第一學期同樣見識過恩師的榜樣作用。主觀上決意要影響他人的思想可能帶來好結果，但那是一種自以為是，也是一種偽善的心理。正常人對外在的影響有很強的抵抗力，如果施加者能少一些強迫性，多一些順其自然的心態，那麼效果可能更好。

我認識幾位很出色的教師，他們都是很正統的人，但是他們的示範作用可以得到進一步的發揮，如果他們的自負秉性沒有像酵母一樣在優異的工作中充分發酵，本來可以成為更出色、更受歡迎的老師。

我所提到的奉獻另有深意。教師應該側重自我約束和自我激勵，而不是一味控制和驅使他人。在執教過程中要把難免的失敗和丟臉的事情視為經驗教訓，它們恰好證明人們不可能實現全部的理想，總有些力所不及的事情出現；那些經歷也有助於淨化個人的內在品格。道貌岸然的人往往把失敗歸咎於他人的毛病，很少檢討自己的不足。

我認為現在教師變成道學先生的趨勢還不夠嚴重，但是反向的趨勢卻很明顯。他們有自慚形穢的傾向，看不起自己的職業，把工作看作毫無價值的苦役，出於良心應付工作。這是極不可取的心態。

有一位校長接到任命後，前去拜會管理過大型學校的老前輩。前輩給了他幾個建議，其中一點是把學校裡的公務嚴格限制在正常上班時間進行，他說：「六點鐘以後，你就是一個閒

人。」「那麼下班之前是什麼人呢？」新校長嚴肅的反問道。我非常反對這種在工作時間以外完全喪失職業意識的態度。我認識一位教師，他十分敏感的意識到教師職業存在社交障礙。他的朋友們很有時尚品味，經常問起他的近況。此人沒有提到教師職業，無奈的回答說一直在貝德福德那裡工作。這當然是很誇張的例子，但卻反映出教師當中普遍存在的一種心態，認為教師工作很難做好。

這位教師曾鄭重宣告他要過一種苦行僧式的生活。如果他有堅強的自主性，如果每天都要面對簡單的，而且經常是索然無味的工作任務，那麼按部就班的生活中將為他帶來足夠多的自我修練機會。許多時候，為了應付那些不願意做的工作，他必須放棄自己想做的事情。但是他應該明白打亂正常生活的不是那些工作任務，而是他本人。他必須認知到工作是人生的重要組織部分，是對人生很重要的一種磨練，是所有人必須要承受的。

一位老法官曾經語重心長的對我說：「調查糊塗或者很差勁的目擊證人時，法官難免產生情緒，如果不在第一時間加以克制，那麼法官在審判過程中就可能迷失方向，衝動易怒只會妨礙司法公正，使正義得不到伸張。」假如不能欣然接受生活中那些不可避免的干擾，教師同樣也會迷失方向。

教師必須對自己的重要使命進行認真思考。他的任務是盡可能的把一群男孩子培養成好公民；替他們立規矩，糾正他們的錯誤，給予鼓勵和支持。如果一個人體會不到自身工作的美好意義和神聖感，不能像信徒聖約翰那樣真心回應耶穌基督的

召喚，而是應付表面差事，那他就不適合當教師。如果教師以為自己要麼是智者，要麼是「監獄的看守」，他的態度會變得憤世嫉俗、僵化苛刻。死板的人不受歡迎，而憤世嫉俗的人才更可惡，但是很多教師經常出現這種傾向，他們向學生傳授的東西與自己的價值觀不相符，想當然的把學生妖魔化，總想著盡可能用最小的付出和最少的氣力完成工作。如果教師已經意識到了這種情緒，我只能說他不會為事業做出什麼貢獻了，應該讓位給那些能為教師職業帶來更多希望、慷慨和熱情的人。

有一點是肯定的，我們不能用膚淺的眼光看待教育工作。不是所有的教師都懷著神聖的責任感和正人君子的使命感。如果提到其他行業，從業者都有很強的責任意識，誠實守信是他們安身立命的根本。但是我不希望看到教師肩負過於沉重的負擔。從事其他行業的人們都在一定程度上相互依存，比如老闆一定要考慮員工的福利，上司必須關心下屬的疾苦等。但是教師的職責或存在的理由則有所不同。社會把孩子託付給他們，要求他們把孩子身上的某種東西明確化，無論是智力、身體，還是心靈的成長發展，教師必須給出明確的指引。那些粗心、懶惰或冷漠的老師必然造成直接傷害，也必然受到譴責，是我們的信仰和理念所不容的。在責任心方面自欺欺人是無益的；懶惰的、不負責的導師，還有管理失當的舍監，都會傷害學生的身心發展，而正確引導和保護學生正是教師的職責。學生在良好的外因作用下能保持心靈的純潔和良好的穩定狀態，而缺乏責任心的老師則可能腐蝕學生的靈魂。我們沒有必要危言聳聽，但不管怎樣，現實都是不容迴避的。即使良知尚存、心

第二十一章　奉獻精神

懷憂慮、工作勤勉的教師可能存在深深的自責，但如果沒有原則性、失去了追求目標和理想信念，這對於教師就等於嚴重的犯罪，應該受到相應的懲罰。

　　教育工作中常有的現象是人們回首過去上學的經歷時，總會記得當時老師的種種惡行。人們無法理解的是正直的人如何能坐視不管，任由那些惡行繼續下去。遠的不說，以上世紀的伊頓公學為例，當時的校董和教師都是品行端正之人，甚至給人神一般的感覺。可是他們對學生宿舍裡出現的不良現象不聞不問，要知道那些事都是令文明社會蒙羞的惡行。霍奇遜（Hodgson）校長剛到伊頓任職時，他的馬車駛過宿舍門前時說了一句話，「天啊，我一定要為孩子們做點什麼。」在某種程度上，家長和教師當然要承擔同樣的責任，但是人們卻沒有積極改變現狀。家長即使知道學校裡的不良風氣，也不會讓孩子轉學，更不會再三向老師反映問題，因為他們擔心孩子可能因此不得人心、受到迫害。他們始終懷著渺茫的希望，認為情況終究會好轉。教師要警惕現實生活中的「黑洞」，經常自問工作中有無讓下一代人覺得極荒謬或可恥的地方。因為各地很多的教師在迫切的深入研究當前的教育現狀，所以我認為五十年前的教育工作者不會認為現在的體制能糟糕到哪裡，但是我深信盲區依然存在，有良知的後輩將會對此產生疑問和不滿。因此我們應努力消除成見和保守思想，儘管解決問題的難度極大，但要積極的用理性和自由精神分析問題。我們所面對的學生可能冥頑不化，視野狹窄，不能正確對待個人利益。教育工作不可能包羅萬象、無所不及，但一定要有針對性，要注重個體差

異。對付校園醜惡現象的良方是讓更多有強烈責任心和事業心的人充實到教師團隊中，而且為人師者還要具備豐富的情感、同情心和耐心、過人的知識、平和的心態以及開闊的視野。

如果這本書能引發一些教師的思考，使他們用全新的視角審視教師職業，進而調整思路，明確自己的追求目標，那麼我的目的也就達到了。這本書不是為了介紹成功者的經驗，而是普通教師的心聲，他深知自己哪裡有失誤和不足，並且願意不斷改進。

責任重大的工作會帶來不菲的回報。即使有些許遺憾和惋惜，從教生涯結束之際，教師也能在回顧那一段積極有益的生活時，不必再懷疑工作是否有意義。教師不必指望職業能帶來可觀的物質回報或很高的美譽度。教師的形象可能在稚嫩的學生眼中是高大無比、無所不能的超人。若干年後，學生再次見到恩師後卻發現他們變成了萎靡不振、目光短淺、心胸狹隘的老先生，只能無可奈何的沉浸在往昔的無限追憶當中。當老師的必須默默接受這一現實。但是他們可以結交很多非常要好的朋友，許多人會感激老師的奉獻。學生的感恩之情甚至讓老師有了承受不起的想法。回歸以往，如果老師的付出能讓一些人的腳步變得更加堅定，讓一些人變得更加勇敢和堅強，幫助某些孩子戰勝了邪惡，把一群孩子培養成勤奮、友善、幸福的人，那麼他已經把一生獻給了一項崇高的事業，他也會心生感恩之情。他的心中將會留下很多美好的回憶、真摯的思想和美妙的經歷。教師注定要在這個紛繁複雜的世界裡扮演實實在在的重要角色，可是如果他在才智上比常人遜色，對奇妙的生活

第二十一章　奉獻精神

　　缺少一分熱情，對一切都處變不驚，心靜如水，那麼他肯定是
一個難纏的、令人生厭的人。

第二十二章
靈魂的昇華

第二十二章　靈魂的昇華

　　年輕人帶著喜悅和熱情走入人生，世界在他面前流光溢彩，他們似乎將擁有一個遙遠而陽光燦爛的前程。但時間迅速澆熄了他們的熱情，早晨充沛的精力無法在一整天之後保持到夜晚。青春易逝，年齡變大，最終，他必須順從的變老。

　　但生命的終點其實就是他以往生活的結果，言行不可改變，它們與性格混在一起，傳給來世。過去永遠與我們同在，傑勒米·泰勒[73]說：「每一種罪惡，都在第一次開口時展露笑容，在臉上煥發容光，在唇上抹上蜜糖。」當生命成熟時，作惡者並未在他的作惡途中停止，他只能惴惴不安的期待充滿恐懼和絕望的老年生活。

　　但是，善的信仰形成一套任何武器都無法戳穿的盔甲。塞西爾[74]說：「真正的宗教是生活、健康和靈魂的教育；無論是誰，只要真正擁有它，就因奇異的鼓勵而能強有力的去說好每一句話，做好每一件工作。」

　　但我們必須走了，我們曾熟悉的地方將再也不會認識我們。看不見的使者常常就在附近。卡萊爾說：「對忙人和閒人一視同仁的使者，總在人們享受快樂或工作時把人逮走，改變人的容顏並把他送走。」巴爾札克（Honoré de Balzac）說：「可憐的愛德華正值青春盛年，就被奪去了生命。他已把馬車和賽馬騎師作為特使送到了人間最大的主宰 —— 死神那裡。」

　　這適用於所有人，我們每天都在用自己的牙齒自掘墳墓。

---

73 傑勒米·泰勒（Jeremy Taylor，西元 1613 ～ 1667 年），英國作家、牧師。
74 塞西爾（William Cecil，西元 1520 ～ 1598 年），英國著名政治家。

沙漏是生命的徽章，它緩慢的漏著，直到不可避免的漏完最後一粒，然後歸於寂靜 —— 死亡。即使是君主也要跨過他先輩的墳墓來接受加冕，以後又被他們拉入墳墓。

在埃斯庫里亞爾修道院時，威爾基[75]看到了提香[76]創作的名畫《最後的晚餐》，一位年老的葉羅尼米特人對他說：「我每天都坐在這裡看這幅畫，至今已將近 60 年了。在這段時間裡，我的同伴們一個接一個的長眠地下，他們當中有的是前輩，有的是我的同齡人，而許多或大多數比我年輕一代的人都已逝去，而畫中的人依然沒變！我一直看著他們，有時認為他們才是真實的人，而我們只不過是影子。」但日子到了，這個老修道士自己也被死神帶走了。

老年人必須讓路給年輕人，這對那些比他們自己更年輕的人同樣也適用。當日子老去，我們只能像植物般停止生長，成了自己和別人的負擔，而最糟糕的是，我們仍然渴望活得更長。「當我看到周圍那許多的老年人時，」伯瑟斯[77]說，「我就想起腓特烈大帝[78]對他那些面對必死無疑的命運而猶豫的擲彈兵

---

75 威爾基（David Wilkie，西元 1785 ～ 1841 年），英國畫家。

76 提香（Titian，西元 1488 ～ 1576 年），義大利文藝復興後期威尼斯畫派的代表畫家。在提香所處的時代，他被稱為「群星中的太陽」，是義大利最有才能的畫家之一，兼工肖像畫、風景畫及神話、宗教主題的歷史畫。他對色彩的運用不僅影響了文藝復興時代的義大利畫家，更對西方藝術產生了深遠的影響。

77 伯瑟斯（Justus Perthes，西元 1749 ～ 1816 年），德國出版家。

78 腓特烈大帝（Frederick the Great，西元 1712 ～ 1786 年），普魯士國王，軍事家，政治家，作家及作曲家。統治時期普魯士軍力大規模發展，領土大舉擴張，文化藝術得到贊助和支持，「德意志啟蒙運動」得以展開。其使

第二十二章　靈魂的昇華

所做的訓誡：『你們這些狗東西！難道你們會永遠活著嗎？』」

　　偉大的居魯士[79]曾在自己的墓碑上刻下這樣的話語：「哎，人哪！不管你是誰，不管你何時到來（因為我知道你會來），我是居魯士，波斯帝國的締造者；不要忌妒我葬身所在的三尺之地。」亞歷山大大帝[80]來此謁陵時，被這一碑銘深深感動，因為這一碑銘把俗世萬事的變幻無常和興衰成敗都呈現在了他面前。居魯士之墓已被掘開，亞歷山大大帝下令把褻瀆神明的掘墓人判處死刑。

　　薛西斯一世[81]一生所做的唯一一件明智的事就是他看到自己全副武裝的 100 多萬軍隊時的沉思 —— 這龐大的軍隊中沒有一個人能夠長命百歲。這一想法似乎是感情刹那瞬間的真理

　　普魯士在歐洲大陸獲得大國地位，並在德意志內部獲得霸權，向以普魯士為中心武力統一德意志的道路邁出第一步。腓特烈二世是歐洲歷史上最偉大的名將之一，也是歐洲「開明專制」君主的代表人物，並且為啟蒙運動時期的文化名人，在政治、經濟、哲學、法律、音樂等諸多方面都頗有建樹，為啟蒙運動一大重要人物。

79 居魯士（Cyrus，西元前 576 ～前 530 年），波斯帝國創建者、阿契美尼德王朝第一位國王。在他的統治下，帝國不僅囊括了古代近東的所有文明國家，還包括了大部分西南亞，和一部分中亞及高加索地區。他的帝國從西邊的赫勒斯滂到東邊的印度河，是前所未有的最大帝國。他的稱號全稱為大帝，波斯國王，安善國王，米底國王，巴比倫國王，蘇美爾和阿卡德國王，四方之王。他還透過居魯士圓柱宣布了歷史上第一份重要的人權宣言。

80 亞歷山大大帝（Alexander the Great，西元前 356 ～前 323 年），古希臘馬其頓王國國王，是古希臘著名王室阿吉德王朝成員。他在戰場上從未被擊敗，且被認為是歷史上最偉大的將軍之一。

81 薛西斯一世（Xerxes，約西元前 519 ～前 465 年），阿契美尼德王朝的國王。他可能是聖經中提到的波斯國王亞哈隨魯。

之光。

伯里克里斯 [82] 在生命的最後時刻說，儘管人們都在為他所做的、而別人可能會和他做得一樣好的事情而稱讚他，但他們卻忽視了他品格中最偉大最光榮的部分 ——「沒有一個雅典人會永遠把財富用於哀悼。」

絕望會抓住那些欲望無邊並最終看到自己野心之極限的人。亞歷山大大帝之所以哭泣，是因為再也沒有王國可以征服。印度的第一個穆默德征服者馬哈茂德蘇丹 [83] 的經歷也如出一轍，他感到自己快死時，命令把所有的金銀財寶都擺在面前。他俯視著這些財富，哭得像個孩子。「哎！」他說道：「身心的疲憊是多麼危險的事呀！為了得到這些財寶，我忍耐了多少苦難！為了保護這些財寶，我操勞了多少心！可是現在我就要死了，就要離開它們了！」他被葬在自己的宮殿裡，據說他那悲傷的魂靈後來就在此徘徊。

還有那可憐的曼徹斯特製造商，他存下了萬貫家財，他

---

82 伯里克里斯（Pericles，約西元前 495 ～ 前 429 年），雅典黃金時期（希波戰爭至伯羅奔尼撒戰爭）具有重要影響的領導人。他在希波戰爭後的廢墟中重建雅典，扶植文化藝術，現存的很多古希臘建築都是在他的時代所建。他還幫助雅典在伯羅奔尼撒戰爭第一階段擊敗了斯巴達人。尤為重要的是，他培育當時被看作非常激進的民主力量。他的時代也被稱為伯里克里斯時代，是雅典最輝煌的時代，產生了蘇格拉底、柏拉圖等一批知名思想家。

83 馬哈茂德蘇丹（Mahmoud, the Ghiznevide，西元 971 ～ 1030 年），加茲尼王朝的最著名、最英明的帝王。統治期間征服伊朗東部土地、西北印度次大陸；涵蓋大部分今天的阿富汗，伊朗東部，巴基斯坦和印度西北部。是首位以蘇丹（權威）自稱的統治者。

第二十二章　靈魂的昇華

把一大堆沙弗林[84] 堆放在床單上，心滿意足的撫摸它們，目不轉睛的欣賞它們，雙手放滿金幣，並把金幣一個接一個川流不息的從上往下扔，發出叮叮噹噹的聲音來飽耳福。而他死了之後，卻並不比他門口的乞丐富多少。

法蘭西國王查理九世[85] 之死是可怕的。他曾下令在一個恐怖之夜屠殺了聖巴特羅繆的胡格諾教徒，在臨終時，他被這一屠殺的恐怖景象所困擾，因而對自己的外科醫生說：「我不知道為什麼，但過去幾天，我總感覺在發燒，身心不寧，無時不刻，不管睡著還是醒著，被殺害者滿是鮮血的屍體，在我眼前纏繞。噢，我多麼希望當時能赦免了那些無辜而愚昧的人！」他死於大屠殺兩年之後，直到生命的最後一刻，聖巴特羅繆大屠殺當日的恐懼還一刻不停的縈繞在他心頭。

西尼・史密斯[86] 曾參觀霍華德城堡，他和塞繆爾・羅米利爵士[87] 站在門廊的臺階上，凝視著眼前美麗的景色和極目所覽的家族陵墓，好一會他舉起雙臂喊道：「啊！正是這些東西使死亡如此之可怕。」

當馬薩林的紅衣主教馬薩林（Mazarin）被告知他的生命只剩下兩個月的時間後，他在充滿精美藝術品的美麗走廊踱步，喊道：「我必須放棄那一切。為得到所有這些東西，我忍受了

---

84 沙弗林（sovereigns），英國舊時面值 1 英鎊的金幣。
85 查理九世（Charles IX，西元 1550 ～ 1574 年），法國瓦盧瓦王朝國王。
86 西尼・史密斯（Sydney Smith，西元 1771 ～ 1845 年），英國作家、學者。
87 塞繆爾・羅米利爵士（Sir Samuel Romilly，西元 1757 ～ 1818 年），英國律師、政治家、立法改革家。

多少痛苦！而現在，我再也不想看見它們了！」有人來看望他，紅衣主教挽住他的胳膊，說到：「我非常虛弱，沒辦法看許多東西了。」而後，他再次陷入憂傷，「我的朋友，你看到柯勒喬[88]那美麗的油畫了嗎？還有提香的維納斯、安尼巴萊・卡拉奇[89]那無與倫比的油畫！噢！我可憐的朋友，我必須放棄所有這一切。再見了，我深愛的價值高昂的油畫！」但還有比死亡更糟的事。死亡不是能夠降臨到人身上的最大災難，死亡摧毀人，但也使人尊貴。愛比死亡更偉大，履行責任使死亡變得寧靜，恥辱使死亡變得可怕。一位爵士在希爾塔被執行死刑前說：「我讚美上帝，我並未失去我為之受難的正義目標！」當華特・雷利爵士[90]被押到砧板上時，行刑官告知他得頭朝東躺下，他答道：「不管頭朝哪裡，我的心無比端正。」

　　從前，當一個大元帥瀕臨死亡時，他身邊的那些人都稱頌他獲得的一個個勝利和他從敵人那裡奪得的國旗數量。「啊！」這位老戰士卻說，「你們稱之為『光榮的』行動是多麼不起眼哪！所有這些都頂不上上帝的一杯涼水。」

　　約翰・摩爾爵士[91]在拉科魯尼亞戰場上被擊倒在地，軍醫

---

88 柯勒喬（Antonio Allegri da Correggio，西元 1489 ～ 1534 年），義大利畫家。他是文藝復興時期帕爾馬畫派的創始人，創作出 16 世紀最蓬勃有力和奢華的畫作。他的畫風醞釀了巴洛克藝術，而其優美的風格又影響了 18 世紀的法國。

89 安尼巴萊・卡拉奇（Annibale Carracci，西元 1560 ～ 1609 年），義大利畫家，巴洛克繪畫的代表人物之一。

90 華特・雷利爵士（Sir Walter Raleigh，西元 1552 ～ 1618 年），英國政治家。

91 約翰・摩爾爵士（Sir John Moore，西元 1761 ～ 1809 年），英國著名軍事

第二十二章　靈魂的昇華

迅速過來幫他療傷，他叫道：「不，不！你對我沒有用，到戰士們那裡去，在那裡你可能更有用。」尼爾森（Nielsen）臨終前的最後一句話是：「感謝上帝，我已說了我的義務，我已盡了我的義務！」華特·司各特爵士 [92] 在臨終床上對兒子說：「我親愛的兒子，你要做個好人，要做一個品德高尚、虔誠的好人。除此之外，在你躺在這裡時，別的任何東西都不能給你安慰。」「好好活著！」山繆·詹森 [93] 臨終前說道。

康德 80 歲辭世，幾乎直到最後一刻他還保持著精力。在生病期間，他對於自己不久於人世說了許多。「我不畏懼死亡，」他說，「因為我知道如何去死。我向你們保證，如果我知道今夜將是我的最後時刻，我將舉起雙手說『讚美上帝』！如果我曾為同類帶來痛苦，那麼，情況就會兩樣了。」

康德曾說過：「如果剝奪人的希望和睡眠，你就把他變成了世界上最悲慘的生命。因此，我們感到生命那令人疲憊的重負，遠遠超過我們這弱小的天性所能承受的限度，而只有滿懷希望的艱難攀登比斯迦山時才會感到快樂。」

將領。

92 華特·司各特爵士（Sir Walter Scott, 1st Baronet，西元 1771 ～ 1832 年），蘇格蘭著名歷史小說家及詩人。

93 山繆·詹森（Samuel Johnson，西元 1709 ～ 1784 年），英國歷史上最有名的文人之一，集文評家、詩人、散文家、傳記家於一身。前半生名聲不顯，直到他花了九年時間獨力編出的《詹森字典》（A Dictionary of the English Language），為他贏得了聲譽及「博士」的頭銜，博斯韋爾（Boswell）後來為他寫的傳記《詹森傳》記錄了他後半生的言行，使他成為家喻戶曉的人物。

我們進入生命的方式只有一種，而走出生命的途徑卻有上千種。生與死只不過是生命的自我循環。上帝給了我們生命，並授予對生命之鑰的管理權。我們能去做、去勞動、去愛我們的同類，並承擔起對他們的義務。傑勒米‧泰勒說：「判斷虔誠與否的方法就是履行我們的義務。宗教是一種聖潔的知識，更是一種聖潔的生活。事實上，在天國，我們首先必須看，然後去愛；而在這裡，在塵世，我們必須首先去愛，愛將會開啟我們的雙眼和心靈，然後我們才能去看、去感覺、去理解。」

　　如果我們能正視未來，那麼，我們就必須勇敢的天天工作。正是堅信死後會有另一種存在，在那裡，每雙眼中的淚水都會擦乾，我們才能夠度過今生的憂愁和困苦。一個人在來世的真正財富是他今生對同類所行的善。當他臨死時，人們會說：「他留下了什麼財產？」但考驗他的天使將問：「你來此之前都做了什麼善事？」

　　陽光下的一切都要面對終結。最後一頁書，最後一次布道，最後一次演說，生命的最後一個動作，死前的最後一句話。「把我的靈魂從牢獄中解救出來吧，我將感謝主的英明。」這是亞西西的聖方濟各的臨終話語。「這裡長眠著……」是常用的墓誌銘。到那時，所有心靈的祕密都將最終剖析出來——在最後一天。

官網

國家圖書館出版品預行編目資料

英國伊頓公學校長愛德華 ‧ 利特爾頓論「教師」：
工作培訓、紀律約束、教學活動、時間管理，獻
給每位教育工作者 / 愛德華‧利特爾頓（Edward
Lyttelton）著, 胡彧 譯 . -- 第一版 . -- 臺北市：
崧燁文化事業有限公司 , 2023.02
面； 公分
POD 版
譯自：Edward Lyttelton on education.
ISBN 978-626-357-002-3(平裝)
1.CST: 教育理論
520.1 111020370

英國伊頓公學校長愛德華‧利特爾頓論「教師」：工作培訓、紀律約束、教學活動、時間管理，獻給每位教育工作者

臉書

作　　者：[英] 愛德華‧利特爾頓（Edward Lyttelton）

翻　　譯：胡彧

發 行 人：黃振庭

出 版 者：崧燁文化事業有限公司

發 行 者：崧燁文化事業有限公司

E-mail：sonbookservice@gmail.com

粉 絲 頁：https://www.facebook.com/sonbookss/

網　　址：https://sonbook.net/

地　　址：台北市中正區重慶南路一段六十一號八樓 815 室

Rm. 815, 8F., No.61, Sec. 1, Chongqing S. Rd., Zhongzheng Dist., Taipei City 100,
Taiwan

電　　話：(02)2370-3310 傳　　真：(02) 2388-1990

印　　刷：京峯彩色印刷有限公司（京峰數位）

律師顧問：廣華律師事務所 張珮琦律師

定　　價：299 元

發行日期：2023 年 02 月第一版

◎本書以 POD 印製